Herausgegeben von Ulrich Tschirner

Dieses Buch wurde mit Mitteln der „Stiftung Deutsche Jugendmarke e. V." gefördert und in Zusammenarbeit mit dem „Büro Bundesweites Schülerfilmfestival" in Hannover erstellt.

Burkhard Inhülsen   Margret Köhler

Auf nach Hollywood!
Schüler machen Filme

Beltz Verlag
Weinheim und Basel 1986

Alle Rechte, insbesondere das Recht der Vervielfältigung und Verbreitung sowie der Übersetzung, vorbehalten. Kein Teil des Werkes darf in irgendeiner Form (durch Photokopie, Mikrofilm oder ein anderes Verfahren) ohne schriftliche Genehmigung des Verlages reproduziert oder unter Verwendung elektronischer Systeme verarbeitet, vervielfältig oder verbreitet werden.

© 1986 Beltz Verlag · Weinheim und Basel
Satz: Satz- und Reprotechnik, Hemsbach
Herstellung: Goldener Schnitt, Sinzheim
Druck und buchbinderische Verarbeitung: Druckhaus Beltz, Hemsbach
Umschlaggestaltung: Zembsch' Werkstatt, München
Printed in Germany

ISBN 3 407 84045 4

Vorwort

Medien „satt": Wer will, kann sich rund um die Uhr berieseln lassen. Sat 1, 3 Sat, 1 Plus, die öffentlich-rechtlichen Anstalten, Kabel- und Satellitenprogramme buhlen um die Gunst der Zuschauer. Wem das alles noch nicht reicht, der kann sich in den Videotheken Videos ausleihen. Konsum bestimmt den Medienalltag, das passive „Rein-

ziehen". Doch die Medien bieten auch die Möglichkeit, die eigene Umwelt neu zu erfahren, durch aktiven Einsatz neue Formen der Mitteilung zu erproben. Abseits der Bilderflut gibt es Jugendliche, die ihre eigenen Filme und Videos produzieren – und das nicht zu knapp.

Das Schülerfilmfestival in Hannover haben wir zum Anlaß genommen, die Arbeit von Schülern einer größeren Öffentlichkeit vorzustellen. Ob es nun „Die kleine Hexe" aus Berlin ist, eine Amateur-Action-Gruppe oder einige „Videofreaks", die Berichte der jungen Filmemacher sollen neugierig machen auf das, was Schüler in ihrer Freizeit oder in der Schule mit minimalem finanziellen und maximalem Arbeitsaufwand auf Leinwand und Bildschirm bannen. Ihre „Werke" beweisen, daß es auch noch etwas anderes gibt als „Conan der Barbar" & Co.

Wer hat nicht schon mal davon geträumt, beim „Fernsehen" mitmischen zu können, seinen Film dort unterzubringen? Was es für Möglichkeiten gibt, zeigen die „TV-Macher" auf: Wolfgang Lörcher von DIREKT (ZDF), Kai Boeck/Claude Bonnet von der Sendereihe „Schüler machen Filme" beim WDR oder Gerd Aschmann von „Live aus dem Alabama" des Bayerischen Fernsehens.

Was macht ein frischgebackener Jungfilmer? Klingelt ständig das Telefon aus Hollywood, geben sich die Produzenten bei ihm die Türklinke in die Hand oder muß er etwa wie ein Vertreter mit der Filmrolle unterm Arm von Redaktion zu Redaktion laufen? Damit Ihr mal mitbekommt, wie Filmemacher über ihr „Schicksal" denken, haben wir unter dem Kapitel „Filmemachen als Studium/Beruf" alte Hasen und „Newcomer" befragt. Fazit: „Es riecht verdammt nach Ruhm und Reichtum", doch bevor man wirklich „drin" ist, muß man ganz schön ackern. Nicht nur Talent, auch ein langer Atem, Durchsetzungsvermögen, eine Portion Glück (manchmal auch das leidige Vitamin „B") gehören dazu.

Unter dem Oberbegriff „Film und Video – Zwischen Realität und Fiktion" wollen wir einen Überblick geben über Tendenzen, Pep und Pop in der Schülerfilm-Szene und im Bereich 8mm-Film, etwas Theorie („Filmästhetik") bringen, aufzeigen, daß der manchmal „ätzende" Jugendfilm nur ein Geschäft nach altem Schema, und daß das Medium Video mehr sein kann als nur Horror oder Hardcore-Porno.

Was wir wollen: ein Buch, in dem man herumschmökern und jeder nach Interessenslage „sein" Kapitel finden kann. Informationen aus der Praxis geben, denjenigen Mut machen, die bei der Filmerei manchmal am liebsten alles in die Ecke schmeißen möchten (wie Ihr im Kapitel „Schüler machen Filme" nachlesen könnt, geht's den anderen nicht besser!). Aber wir möchten auch diejenigen motivieren, die sich bisher noch nicht getraut haben, die Kamera mal selbst in die Hand zu nehmen.

„Auf nach Hollywood" ist die Aufforderung zu eigener Film- und Videoarbeit – fern von Kommerz und gängigen Kino- und TV-Mustern.

München, Hannover im August 1986
Margret Köhler, Burkhard Inhülsen

Inhaltsverzeichnis

Wenn ich einen Film drehen könnte, hätte ich folgende Idee 13

Schülerfilmfestival Hannover 19

Von A(bitur) bis Z(ombies) – Filmideen ohne Grenzen 19

Zwischen Cannes und Lister-Turm. Eindrücke vom Dritten bundesweiten Schülerfilmfestival *(Nicole Semmel)* 22

Schüler machen Filme 27

„Der Neue". Videoarbeit bei der Jugendhilfe Norderstedt 27

Am besten eine „schwarze Kasse". Die Schüler Video-Zeitung „KABELSALAT" 30

Frauenprobleme an die Öffentlichkeit! „Die kleine Hexe" aus Berlin 32

Fehler und Erfolge (werden ...) aus dem Schrank geholt. Medienarbeit an der Gesamtschule Geretsried 35

„Gnadenlos günstig". Mit dem Kinolaster unterwegs 39

An Hollywood haben wir nie gedacht ... Nachgedanken zu einem Filmerfolg 41

Wenig Schlaf und viel Applaus. Die Geschichte des Tinte-Studios und die Entstehung des Films „Apollinaris now" 46

Bei der Premiere ein Riesenfest. Amateur-Action Filmgruppe in Büsum 48

ZORK – oder wie die 9d die Welt beinahe zugrunde richtete. Videoarbeit an der Edertalschule Frankenberg 51

Das Ahornblatt. Ein Drehtag mit Hindernissen 54

Film und Video – Zwischen Realität und Fiktion 58

Gewalt, Action, Beziehungen und Parodien. Tendenzen in der Schülerfilm-Szene *(Burkhard Inhülsen)* 58

Peter, Paule und Nena. Jugendliche im Kino und auf der Leinwand *(Horst Schäfer)* 65

Filmästhetik: Überlegungen, Einfälle, Notizen *(Erwin Schaar)* 69

Die 8mm-Filmszene – Impuls für eine unabhängige Filmkultur *(Reinhard W. Wolf)* 76

Kamera drauf und los? Pro und Contra Video *(Margret Köhler)* 84

Jugendliche Medienproduzenten und Fernsehen 92

Schon mal was von DIREKT gehört? *(Wolfgang Lörcher)* . . 92

Filmförderung im WDR: Die Sendereihe „Schüler machen Filme" *(Kai Boeck/Claude Bonnet)* 96

„Live aus dem Alabama": Wenn die Fetzen fliegen, ist es am schönsten! 101

„Filmversuche aus der Schule" – Konzeption einer Sendereihe 105

Die „Neuen Medien": Wenig Chancen für den Nachwuchs . 107

Erfahrungsberichte „Filmemachen als Studium/Beruf" 111

Trotz Durststrecke: „Ich bin wild entschlossen, durchzuhalten" 112

Nach Süddeutschland, weil „da das Geld ist" 114

Geduld und gute Nerven – danach kommt das Talent 118

„Von Ideen allein kann man nicht leben!" 120

Von einem der auszog, seinen Film zu verkaufen 123

Lust am Filmen: Alles auf eine Karte setzen! 127

Literatur-Auswahl 135
Bücher 135
Zeitschriften 137

Nützliche Adressen 140
Film- und Videoveranstaltungen 140
Film- und Videoverleihe 141
Ausbildungsstätten 142
Institutionen/Organisationen 143

Der Film zum Buch 144
Informationen zum 16mm-Film „Auf nach Hollywood."
Das Abenteuer des Filmemachens im jüngsten deutschen
Film 144

Die Autoren 147

Wenn ich einen Film drehen könnte, hätte ich folgende Idee ...:

Einen Film gegen Nazigruppen, da ich der Meinung bin, daß die rechtsradikalen Gruppen wieder eine Bedrohung darstellen. Vor allem viele Jugendliche suchen Anerkennung in solchen Gruppen und das glaube ich, liegt an der mangelnden Aufklärung. Man könnte Jugendliche im Film befragen und ausländische Jugendliche vorstellen, wie sie sich in unserem Land fühlen. So eine Art Dokumentarfilm machen.

(Gisa, 17 J.)

*

Ich würde eine Woche lang das Leben einer Familie drehen, die Millionen im Lotto gewonnen hat. Meine Eltern und mein Bruder würden dabei mitspielen.

(Jan, 13 J.)

*

Ich möchte einen Reportage-Film über unsere Klasse drehen. Wie der Unterricht verläuft, was für Lehrer man hat, über die Schüler selber, wie sie sich in der Klasse fühlen, über Probleme zu Hause. Dann würde ich den Film 10 Jahre später zeigen.

(Alexandra, 15 J.)

*

Ein Film mit subjektiver Kamera. Ich schnalle mir die Kamera um und gehe Straßen entlang, durch Türen, Treppen hinauf, fahre in der U-Bahn oder laufe über Felder und Plätze. Die Kamera sieht alles aus meiner Sicht.

(Axel, 18 J.)

*

Meine Idee ist, die Kamera als „Notizbuch" zu benutzen. Alles ganz kurz aufnehmen, z. B. wenn man in eine andere Stadt kommt oder auch einen „Blick aus dem Fenster". Die Kamera bleibt fest auf einem Stativ und aus fünf Stunden „Beobachtung" werden dann 5 Minuten Filmzeit.

(Tobias, 18 J.)

*

Einen Film, der nur aus Detailaufnahmen besteht und alltägliche Dinge ganz groß zeigt: Klingelknöpfe, Schlüssellöcher, Schalter von elektrischen Geräten, Wasserhähne, Büroklammern, Stecknadeln, Schrauben, Digitalanzeigen, einzelne Buchstaben usw...

(Sabine, 17 J.)

*

Unseren Bundeskanzler drei Monate mit Videorecorder aufnehmen oder „4 Soldaten" von Wolfgang Borchert verfilmen.

(Stefan, 15 J.)

*

Ich würde einen Film drehen, den noch nie jemand gemacht hat. Irgendeinen Blödsinn, z. B. den Weg eines Kaugummis von der Fabrik bis zur Straße, wo dann jemand reintritt.

(Christiane, 17 J.)

*

Ich würde einen Tag an der Schule aus meiner Sicht darstellen, so wie ich das erlebe und sehe. Angefangen mit der Hektik am Morgen bis zur letzten Stunde am Nachmittag, wo man abgeschlafft nur noch rumhängt.

(Frank, 17 J.)

*

Einen Film, der die Werbung auf die Schippe nimmt oder die Geschichte von einem Jungen zeigt, der aus einem Action-Film kommt und jetzt in der Realität den Helden spielt. Dabei könnte man alle gängigen Klischees aus den TV- und Kinofilmen übernehmen.

(Uwe, 17 J.)

*

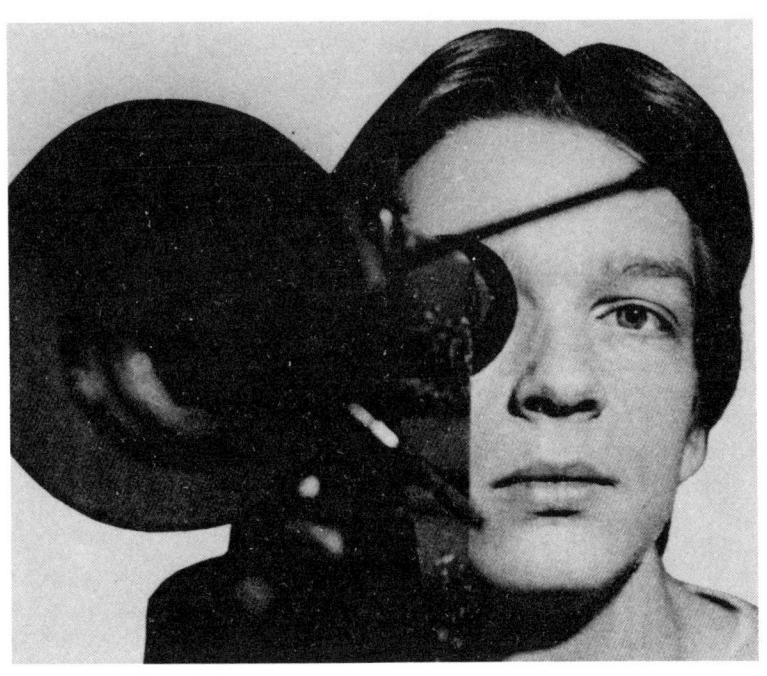

Hinweis für den Vorführer:

Bitte zu Beginn der zweiten Spule, sobald das Feuerwerk im Bild ist, den Projektor unscharf stellen, so daß die Lichtpunkte als Kugeln erscheinen und zwar solange, bis der Sprecher sagt: „... machen menschliches Leben unmöglich, und so bedarf es schon eines Genies vom Ausmaße Prof. Dr. Dietrich Dussels ..."

Vielen Dank und viel Spaß!

Künftige Konkurrenz für den kommerziellen Film? Festival statt

Von Schulalpträumen bis „Schüsse, Schocks und tonnenweise Ketchup"

Film ist Leben

Der neue Faust ist „so'n Schlaffi"

6,55 Mark sind schon Spitzengage

Pennäler-Film-Team sucht noch einen Teenager für das „Gretchen"

Einmalige Chance: Das Lübecker „Heiser-Film-Team"... Hauptdarsteller Christian Pötsch- einer internationalen Laufbahn?

Schüler machen Filme

Auf dem Dachboden produziert der 16jährige Schüler Volker Engel spannende Trickfilme:

Action-Trick: Mit Knallern kleine Spielzeugautos in die Luft gejagt

...n. Explodierende Autos und rasante Verfolgungsren- Einzelaufnahmen gemacht
... Engel (16) aus Wulsdorf zum Alltag. Der nas- den Film nach der Fert...

Das Taschengeld für eigenen Film gespart

17

Ein Festival des „ganz jungen deutschen Films" in Hannover

Zum dritten Mal war Hannover für vier Tage die Hauptstadt des „ganz jungen deutschen Films". Mehr als 400 Filme und über 100 Videobänder hatten Jugendliche aus dem gesamt...

Video-Festival der Jugend

Hannover (dpa). Filme, die von Jugendlichen in eigener Regie gedreht wurden, beim Dritten bundes-...

Atomexplosion und Computer

Hannover (dpa). Mit der Preisverteilung an 15 junge Filmemacher ist vorgestern in Hannover nach viertägiger Dauer das dritte bundesweite Schülerfilm-Festival und das nach Veranstalterangaben größte Festival dieser Art in Europa zu Ende gegangen. 5.000 Zuschauer - darunter Delegationen aus sieben Ländern und 400 Jungfilmer aus dem gesamten Bundesgebiet - sahen mehr als 160 ausgewählte Produktionen. Jugend...

Umfangreiches Programm
Festival mit Schülerfilmen

160 Streifen aus In- und Ausland werden gezeigt

Filme, die von Jugendlichen in eigener Regie gedreht wurden.

Festival des jungen deutschen Films

Hannover (dpa). Zum dritten Mal ist Hannover für vier Tage die Hauptstadt des „ganz jungen deutschen Films". Mehr als 400 Filme und über 100 Videobänder haben Jugendliche aus dem gesamten Bundesgebiet zum „Schülerfilm-Festival" geschickt, das am Donnerstag begann. Bis morgen werden mehr als 160 ausgewählte Produktionen gezeigt. Rund 400 Filme, die in Gruppen mit teilweise phantasievollen Namen wie „Kabelsalat" oder „Die stormreichen...

Die ernsten Themen überwiegen

Über 160 Arbeiten beim Schülerfilm-Festival in Hannover

dem Leben... Filme, die von Jugendlichen in eigener Regie gedreht wurden, werden beim „Dritten bundesweiten Schülerfilm-Festival" vom 24. bis zum 27. Januar...

gen, Beton und Umwelt, Selbstmord und Tod, Resignation und Zukunftsangst, Ausländerfeindlichkeit, Ernstfall und Endzeit, Videokonsum und Computer, Horror und Gewalt. Aber auch Dokumentarisches sowie Kla...

Schülerfilm-Festival mit großer Beteiligung

Filme, die von Jugendlichen in eigener Regie gedreht wurden, werden beim „Dritten bundesweiten Schülerfilm-Festival" vom 24. bis zum 27. Januar...

Pennäler als Filmemacher

Drittes Schülerfilm-Festival in Hannover

Respektabler Erfolg in Hannover für sechs junge Harburger Filmemacher

Mit ihrem Drei-Minuten-Opus „Der Spieler" kamen sie auf Platz eins

(us) Einen sensationellen Erfolg hatten sechs junge Harburger Filmemacher. Beim „Dritten bundesweiten Schülerfilm...

Statt Dallas Kameraschwenk über Coesfeld

Bundesweites Schülerfilmfestival Hannover / Betroffenheit über Mißstände und Unterhaltung

„Mensch, hoffentlich denkt nicht nur Problemfilme", sorgt sich ein 15jähriger in der vierten Reihe, kurz bevor das Licht im Kinosaal verlöscht. Mit einem kurzen Blick ins Programmheft hat er wohl festgestellt,...

Erfolgreiches Festival
Schülerfilmer trafen sich

HANNOVER (dpa). Mit der Preisverleihung an 15 junge... cher ist am Sonntag in... nach viertägiger Dauer... und das nach Veranstalt... größte Festival dieser Ar... pa zu Ende gegangen.

5000 Zuschauer, darunter... tionen aus sieben Ländern... Jungfilmer aus dem... desgebiet, sahen... gewählte Produ... so phantasievoll...

rntet viele Lacher. Ebenso eine Parodie... sißerische Actionfilme. „Keks-Connectio... andelt von einem Professor, der Kekse e... ickelt hat, die süchtig machen („Mann, h... ch 'ne Keksbirne").

Gegen den schrillen Gaudithriller... von Schülern aus Nordrest...

5000 beim bundesweiten Schülerfilm-Festival

lni. Hannover. Mit der Preisverleihung an 15 junge Filmemacher ist in Hannover nach viertägiger Dauer das dritte bundesweite „Schülerfilm-Festival" und das nach Veranstalterangaben größte Festival dieser...

Die drei mit 1 500 und zweimal 1 000 Mark dotierten Hauptpreise des NDR-Werbefernsehens, des niedersächsischen Kultusministers und des hannoverschen Oberbürgermeisters vergab die si...

Bundesweites Schüler-Filmfestival

Festival: 160 Filme und Videos

HANNOVER (lni). Filme, die von Jugendlichen in eigener Regie gedreht wurden, werden beim „Dritten bundesweiten Schülerfilm-Festival" vom 24. bis zum 27. Januar in Hannover gezeigt werden. Mehr als 400 Filme und mehr als 100 Videos sind aus dem Bundes...

Jugend-Film im Festival

160 Filme von Schülern vorgestellt

Filme, die von Jugendlichen...

Statt South Fork Ranch, die Hauptstraße

Eindrücke in Hannover zeugen von Zweifeln, Ängsten und viel Ironie

Mensch, hoffentlich sind das nicht nur... den Lautsprechern dröhnt die in aller Welt

18

Schülerfilmfestival Hannover

Von A(bitur) bis Z(ombies) —
Filmideen ohne Grenzen

Das Schülerfilmfestival findet als unabhängiges und bundesweites Festival für Schülerfilme der Formate Super-8, 16mm und Video drei Tage lang in Hannover statt. Das erste Festival lief im Januar 1982 (über 500 eingesandte Filme), das zweite 1983 (über 400 Filme) und das dritte Festival fand im Januar 1985 statt: über 400 Super-8-Filme und über 100 Videos wurden von Jugendlichen aus allen Teilen des Bundesgebietes und West-Berlin an das Festivalbüro eingeschickt!
Das Reglement des Festivals sieht folgendermaßen aus: Bis zu einem festgesetzten Einsendeschluß können Schüler aller Schultypen (von der Hauptschule bis zur Berufsschule) einen oder mehrere Filme oder Videos zum Festival einreichen. Es spielt keine Rolle, ob ein Film/Video außerhalb von Schule oder im Rahmen von Unterricht entstanden ist. Damit ist das Festival offen für alle Schüler/Jugendliche, die als Einzelne oder in Gruppen, als Filmemacher oder als Besucher teilnehmen wollen. Für die Filme und Videos gibt es kein vorgegebenes Thema und keine vorgeschriebene Länge. Alle Filmformen sind möglich (Experimentalfilm, Trickfilm, Spielfilm, Dokumentarfilm oder Mischformen). Von einer Minute bis zu drei Stunden, für Filmideen ohne Grenzen.
Die große Anzahl von eingesandten Filmen und Videos macht eine Vorauswahl notwendig. Eine Auswahlkommission sichtet nach Einsendeschluß alle Filme und Videos und stellt danach die Programme der drei Festivaltage zusammen.
Kriterien für diese Vorauswahl bilden sich erst während bzw. nach der Sichtung der eingereichten Arbeiten und orientieren sich daran, möglichst viele Beispiele aus allen eingesandten Filmthemen und

Filmformen zu berücksichtigen. Die Grundidee des Festivals ist es, die breite Vielfalt der von Jugendlichen gemachten Filme/Videos zu zeigen, gleichzeitig auffallende Tendenzen (z. B. die Darstellung von Gewalt) herauszustellen. Das Festival besteht aus einem großen Wettbewerbsprogramm (in dem eine unabhängige Jury mehrere Filmpreise vergibt) sowie einem umfangreichen Informationsprogramm mit einem „Preis des Publikums".

Die Jurymitglieder (Schüler, Journalisten, Filmemacher, Medienpädagogen) sehen sich zusammen mit dem Publikum an den Festivaltagen alle Filme erstmalig an und entscheiden dann über die Vergabe der Filmpreise.

Die Filme und Videos laufen während des Festivals (von morgens bis nachts) in einzelnen Programmblöcken. Nach jedem Block gibt es Pausen und Möglichkeiten für Diskussionen.

Um den mit Filmen beteiligten Schülern den Festivalbesuch zu ermöglichen und nach Hannover zu kommen, haben wir pauschale Leihmieten ausbezahlt. Diese lagen bisher zwischen 30 und 120 DM und konnten in vielen Fällen nur Zuschüsse zu Fahrtkosten sein.

Das bundesweite Schülerfilmfestival wird von einer privaten Initiativgruppe (Medienpädagogen, Filmemacher, Videomacher, Schüler) organisiert, die auch das „Büro Bundesweites Schülerfilmfestival" geschaffen hat, ein Büro mit fester Postanschrift, Telefonanschluß und das ganze Jahr über zu erreichen.

Seitdem ist das Büro auch Anlaufstelle für Filme- und Videomacher, Medienpädagogen, für an Film- und Videoarbeit interessierte Lehrer und Schulen, Bildstellenorganisationen sowie für verschiedene Redaktionen von Presse und Fernsehen. Die finanzielle Unterstützung für das Festival und einzelne Projekte kam bisher vom Bund, dem Land Niedersachsen, der Stadt Hannover sowie der Stiftung Jugendmarke.

Eine Idee der Initiativgruppe ist auch das FILM-TELEFON (0511-661102). Dieser Anschluß ist gedacht für Fragen zum Thema ‚Filmemachen' und ‚Videomachen', Kontaktvermittlung von Filmemachern, Filmfestivals, Hilfestellung bei der Organisation von Filmvorführungen, Vorschläge, Ideen und Kritik zum nächsten Schülerfilmfestival.

Im Rahmen der Vorbereitung dieses Festivals sollen Jugendliche zu eigener Film- und Videoarbeit motiviert werden. Zu diesem Komplex veranstaltet die Initiativgruppe in Hannover eine mehrtägige FILM-SCHULE mit den Themenbereichen ‚Filmgeschichte', ‚Filmtheorie', ‚Film- und Videopraxis'. Außerdem sollen jugendliche Filmemacher Informationen über Ausbildungsmöglichkeiten und Berufschancen im Bereich Film erhalten.

Für Fragen zum Festival und allen Projekten der Gruppe:
Burkhard Inhülsen
Büro Bundesweites Schülerfilmfestival
Postfach 1967
3000 Hannover 1.

Nach Themen geordnet gibt es beim „Büro Bundesweites Schülerfilmfestival" folgende Videocassetten (jeweils 60 Min., VHS, Farbe) auszuleihen:
Wahnsinn der Gewalt
Trick und Animation
Experimentelles
Parodien und Persiflagen
Beziehungen und Betroffenheit I
Beziehungen und Betroffenheit II
Die Cassetten enthalten ausgewählte Filmbeispiele der Festivals 1982, 1983 und 1985 sowie Interviews/Statements von einzelnen Filmemachern.

Lister Turm und das *Kino-Zelt*

Zwischen Cannes und Lister-Turm

Eindrücke vom Dritten bundesweiten Schülerfilmfestival

Nicole Semmel

Noch nichts von dem Streß und den drängenden Fragen der Journalisten ahnend in Hannover angekommen, stelle ich in meinem Hotelzimmer fest, daß ich meine Socken vergessen habe. Der gute Anfang soll noch besser werden.
Im Lister-Turm laufen die Vorbereitungen auf Hochtouren. Nur noch wenige Stunden bis zur Eröffnung, die Pressekonferenz tagt bereits, und es sind noch eine Menge Kabel zu verlegen. Ich versuche, mich nützlich zu machen und gehe dann doch Socken kaufen.
Die Jury ist vollzählig angekommen und trifft sich zu einem ersten Warm-Werde-Gespräch. „Ich heiße Nicole Semmel, bin am

10.01.1968 geboren, wohne in Gründau *bei* Frankfurt und gehe in Gelnhausen aufs Grimmelshausen Gymnasium." Als sich jeder so oder ähnlich vorgestellt hat, werden die Bewertungskriterien ausgearbeitet. Technik, Umsetzung, Authentizität, Ton/Musik, Gesamteindruck, Inhalt (Dies alles unterlag natürlich dem persönlichen Eindruck des einzelnen Jurymitglieds!).
Es riecht verdächtig nach Arbeit, denn einfach ein paar Filme reinziehen, lange Kaffeepausen, interessanter, hoch intellektueller Künstler-Unter-Sich-Plausch bleibt Illusion. Eine erste Kritik:
Die Zeit, um eine echte Festival-Atmosphäre wachsen zu lassen, schrumpft durch Sichten und Diskutieren der Filme auf eine kurze Pipi-Pause. Das einzige Stimmungsbild, das ich mitbekomme, entsteht aus den Gesprächsfetzen, die ich auf der Toilette aufschnappe.
Aber zurück zur großen Eröffnungsfeier: Das Trockeneis dampft, die Musik läuft, die Scheinwerfer leuchten, es geht los. Presse und Fernsehen sind auch schon da. Eine gewisse Feierlichkeit liegt spürbar in der Luft, das doch so verschiedene Publikum tut auch ganz angetan, ein Flair von Avantgarde durchzieht den Großen Filmsaal. So werben einige Filmgruppen mit Bonbons oder Ähnlichem für ihre Filme, andere laufen in ihren ausgefallenen Filmkostümen herum. Ich vermisse eine gewisse Herzlichkeit und Gemeinschaft im Umgang miteinander. Das Für- oder Gegeneinander ist noch nicht geklärt, die meisten schweben zwischen Cannes und Lister-Turm. Man kann sich noch auf kein level einigen, was doch der gemeinsamen Entwicklung von Nutzen sein könnte. Sei es nur, um Ansprüche geltend zu machen. So haben die „Kleinen" mit den „Großen" doch zumindest die fehlende Einheit gemein. Aber vielleicht ist auch gerade das der künstlerische Nährboden.
Auffallend ist, daß Mädchen fast nur auf der Leinwand oder als Zuschauer agieren, aber kaum an der Produktion beteiligt sind. Frauen und Mädchen werden bewußt von Männern und Buben in bestimmte Rollen eingewiesen und arbeiten tatsächlich nur vereinzelt kreativ und selbständig mit. Ein Anteil von nur 5% Frauenproduktionen spricht für sich.
Am nächsten Morgen geht es erst richtig los. Film after Film. Nach jedem Block das Wiederkäuen der Filme und Begründen der eigenen Bewertung. Immer bei dem Kriterium Authentizität bin ich besonders gefragt, schließlich sei ich die Jüngste und müsse doch beurteilen

können, ob es authentisch ist oder nicht, und wenn ja warum. So wurde ich zum Rocker, zur Drogenabhängigen, zum Computerfreak und zur unglücklichen Verliebten, nur weil ich ja so in dem Alter bin – Vertreterin aller Schüler. Na prost!

Von Zeit zu Zeit komme ich mir dann doch etwas verloren vor, in dieser welterfahrenen Jury, deren Fachtermini zu verstehen die erste (oft kaum überwindbare) Hürde darstellt. Ich kann doch nicht dauernd fragen, was sie denn „damit" meinen (oder doch?). Eine Bitte an die nächste Jury: Nehmt doch auf die armen Schüler Rücksicht und sprecht deutsch.

Die Spannung, welcher Film denn nun prämiert werde, wächst. Die Fragen der Journalisten werden immer aufdringlicher. Sie wollen mit allen Mitteln noch vor Redaktionsschluß etwas Neues bringen. Zum Schweigen verurteilt, flüchte ich mich in Floskeln.

Das Ergebnis steht nach langem pro und contra fest. Die Preisverleihung beginnt. Zum letzten Mal gehen die großen Scheinwerfer an. Presse und Fernsehen, die während des ganzen Festivals reges Interesse zeigten, sind aktiv.

Die Spannung schlägt in Jubel und Seifenblaseneffekt um. Das große gemeinsame Finale am gemütlichen Kneipentisch mit Jury und Initiatoren versäume ich zu guter Letzt, ich habe den Aufbruch verpaßt, derweil ich in mein einziges Festivalgespräch vertieft war.

Alles in allem kann ich sagen:
„Eine (fast zu) perfekte Organisation und es tut sich was in Sachen Schülerfilm."

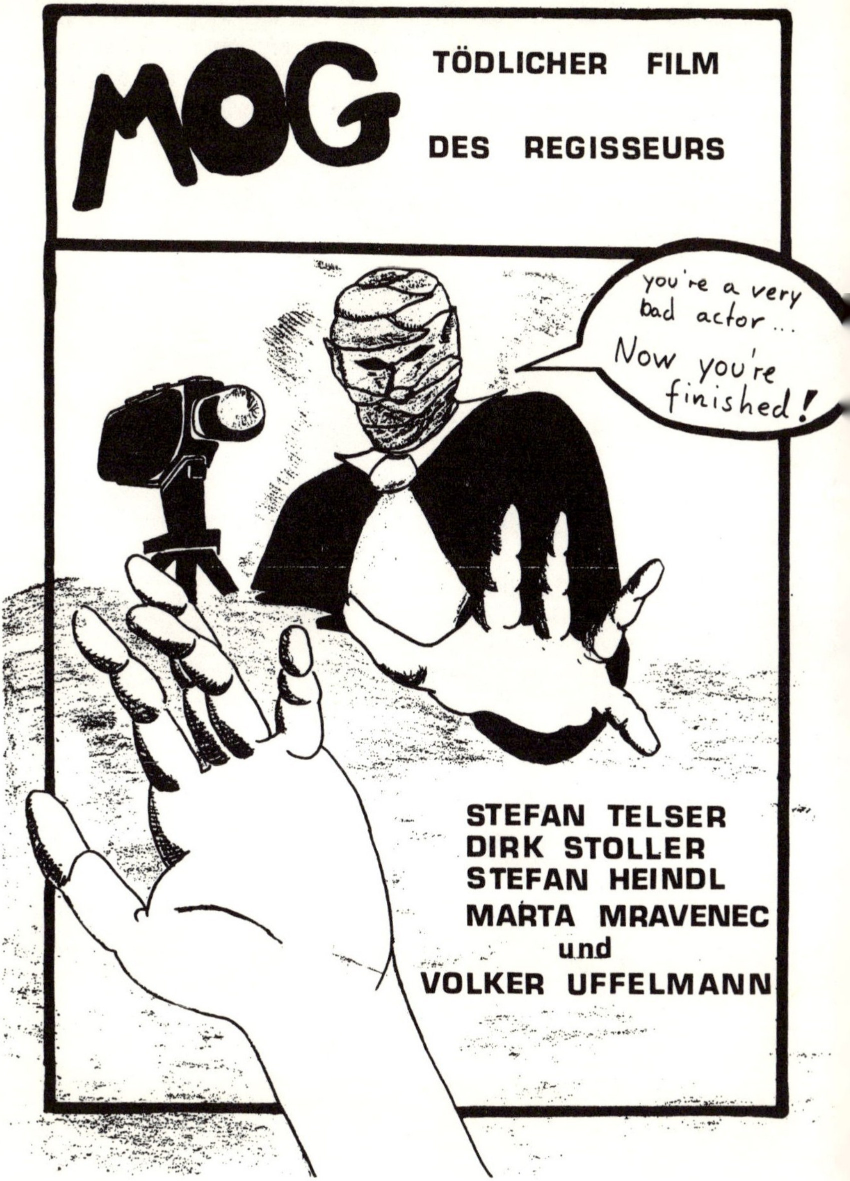
MOG
TÖDLICHER FILM
DES REGISSEURS
you're a very bad actor... Now you're finished!
STEFAN TELSER
DIRK STOLLER
STEFAN HEINDL
MARTA MRAVENEC
und
VOLKER UFFELMANN

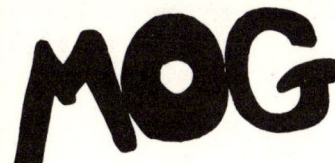

Schüler machen Filme

„Der Neue"
Videoarbeit bei der Jugendhilfe Norderstedt

Die Konflikt- und Drogenberatungsstelle der Jugendhilfe Norderstedt erhält die Nachricht, daß in einem Heim für Kinder und Jugendliche Drogen aufgetaucht sind. Sie soll helfen und nimmt deshalb Kontakt mit den Hauptbetroffenen und den Gruppenleiterinnen auf. Es stellt sich heraus, daß eine ganze Reihe Jugendlicher Probleme im Umgang mit Alkohol, Schnüffelstoffen und anderen Drogen hat.

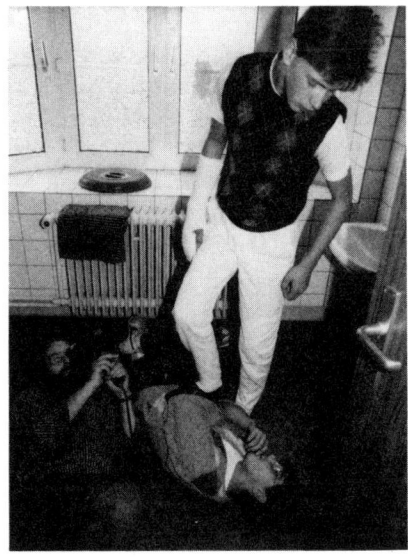

Dreharbeiten zu „DER NEUE"

In Absprache mit den Gruppenleiterinnen machen wir (zwei Sozialarbeiter) den betroffenen Jugendlichen das Angebot, in den Herbstferien einen Video-Film zu drehen. Die Jugendlichen sind begeistert und machen spontan mit.
Wir fordern sie auf, sich ein Thema für den Spielfilm zu überlegen. Nach drei Stunden ist die story fertig. Der Film soll von „Skibbe" handeln, der ins Heim kommt und sich gegen die Heim-Clique durchsetzen muß. Kann sich „Der Neue" (Titel des Films) behaupten? Ist die Clique wirklich so stark, wie sie tut? Warum trinkt Janin so viel und warum will Sylvia sie „mal zur Brust nehmen"? Fragen aus dem Inhalt.
Bald wird geklärt, wer welche Rollen spielt und wie die anfallenden Arbeiten zu verteilen sind (Drehorte suchen, Drehplan entwerfen, Requisiten organisieren, Einsatz der Technik koordinieren usw.)

1. Drehtag

Die gesamte Technik kommt zum ersten Mal ins Heim und wird neugierig begutachtet und ausprobiert. Die Darsteller/innen bereiten sich auf die ersten Szenen vor: was ziehe ich an? Wie sehe ich aus? Was sage ich? Wo steht die Kamera? Das wird untereinander und mit uns Pädagogen beratschlagt. Szenen werden mit und ohne Kamera geprobt. Immer wieder werden die gefilmten Szenen zur Kontrolle im Fernsehgerät, das wir zu jedem Drehort mitnehmen, kritisch betrachtet. Es entwickeln sich weitere Fragen: Wo wird der Titel plaziert? Wie lange dürfen einzelne Szenen sein? Sind die Rollen richtig besetzt? Weitere Details des Drehplans und der Requisiten werden besprochen.
Andere Jugendliche und Erzieher/innen schauen bei den Dreharbeiten zu. Dauer der Arbeit am ersten Drehtag: acht Stunden. Am Ende des Tages wird alles noch einmal angeguckt, spontan applaudierte sich die Gruppe selbst.

2. Drehtag

Obwohl wir zehn Minuten zu früh sind, sitzt die Gruppe schon diskutierend zusammen und erwartet uns.

Über Nacht sind neue Ideen entstanden. Kompromisse müssen gefunden werden, die Gruppe muß sich einigen. Zwei Musikstücke werden als Filmmusik ausgewählt, ein großes Zimmer für eine Action-Szene ausgesucht und vorbereitet. Dann beginnen die Dreharbeiten.
Während der Arbeit tauchen Fragen auf: wie stellen wir uns als Schauspieler/in im Film vor? Nur mit dem Namen? Nach längeren Gesprächen wird beschlossen, den Titel des Films mit Farbe auf ein altes Bettlaken zu sprühen. Für den Vorspann stellt sich dann jeder Jugendliche mit seinem Namen vor und erzählt, warum er bei dem Film mitmacht. Bis zum Abendbrot werden die geplanten Szenen gedreht, zum Abschluß alle Szenen wieder angeguckt und der folgende Drehtag geplant.

3. Drehtag

Die Jugendlichen müssen die Heimleitung bitten, den Partykeller für die Dreharbeiten aufzuschließen. Reicht das Licht? Wer räumt auf? Zu einer Fête gehört doch immer Alkohol ... oder?? Es kommt zu einem langen Gespräch über Alkohol und Rauchen im Heim. Für die Fêtenszene einigen wir uns auf Bier und Batida de Coco. Die Jugendlichen entscheiden, die Originalflasche (die schnell organisiert ist) mit Milch zu füllen. Bier wird wieder gestrichen, es gibt momentan keine leeren Flaschen im Haus.
Nach fünf Stunden Arbeit die ersten Erschöpfungserscheinungen. Die Jugendlichen laden uns zu Kaffee und Brötchen ein. Dann noch einmal ein Gespräch über Alkohol und Neuplanung weiterer Szenen.

4. und letzter Drehtag

Wir kommen unter Zeitdruck: die beiden Hauptdarsteller haben Zimmerarrest. Es herrscht eine nervöse und gereizte Stimmung, in der Nach vorher war „Randale".
Durch Gespräche mit der Heimleitung erreichen wir die „Freistellung" der beiden Hauptdarsteller. Sie müssen sich in der nächsten

Szene prügeln. Obwohl klar abgesprochen war, daß alle Schläge nur imitiert werden, kommt es zu kleinen „Ausrutschern". Hat das etwas mit der vorangegangenen Nacht zu tun? Viele Gespräche gehen kreuz und quer durch die Gruppe, konzentrierte Arbeit ist nur mit Mühe möglich.

Die letzte Szene ist im Kasten. Stolz laden die Jugendlichen die Heimleitung ein, das gefilmte Material anzugucken. Pläne für die Einsatzmöglichkeiten des Films werden geschmiedet. Er soll auf dem Heimbasar gezeigt und dann zum Schülerfilmfestival nach Hannover geschickt werden.

Mit einer zweiten Videogruppe der Jugendhilfe Norderstedt e. V. die auch am Festival teilnimmt, fahren wir für drei Tage nach Hannover. Die Vorführung der Filme, die anschließenden Diskussionen, die Kontakte zu anderen Jugendlichen, lange Gespräche und Nächte (ohne Alkohol und Drogen), neue Freundschaften motivieren zur Weiterarbeit.

Gerd Maschmann, Eckart Wilborn
c/o Jugendhilfe Norderstedt
Kohfurth 1
2000 Norderstedt

Am besten eine „schwarze Kasse"

Die Schüler-Video-Zeitung *„Kabelsalat"*

Im Zuge eines Neubaus am Ernst-Barlach-Gymnasium in Dinslaken wurde 1977 ein kleiner Medienraum eingerichtet, für damalige Verhältnisse optimal: Zwei VCR-Video-Recorder, eine große SW-Kamera mit fahrbarem Stativ, ein Video-Mischpult (SW), ein Tonmischpult und Kabelverbindungen zu Klassenräumen. Es kamen mehrere Videoprojekte in Gang. Unter anderem entstand eine erste Video-Schülerzeitung, die aktuelle schulpolitische Nachrichten in einer Magazinform den Schülern darbot. Diese erste Sendung war jedoch so aufwendig, daß es zunächst bei dieser ersten Ausgabe blieb (u. a. gab es damals weder einen Assemble-Schnitt noch einen Insert-Schnitt, schneiden konnte man nur über das Mischpult, ohne den

> **„Kabelsalat"** (30–45 Minuten)
> bringt Schülernachrichten, Sketche und Gags.
> Erscheint ca. 3–4 Mal im Jahr und begeistert regelmäßig über 1000 Schüler.
> Die Kassette (VHS) kann ausgeliehen oder für einen Unkostenbeitrag (25,– DM) kopiert werden.
> Wer die Viodeo-Schülerzeitung unterstützen will: Spenden ab 20,– und namentliche Nennung im Nachspann des *Kabelsalats*!
> Werbung als Standbild einer üblichen Anzeige, aber mit Ton, kostet 50,– DM.
> Werbung als Neuproduktion mit unserem Aufnahmeteam (z.B. Geschäftsfassade, Produktvorstellung) 10 Sekunden incl. Produktion kostet 100,– DM.

aufnehmenden Recorder zu stoppen. Klappte etwas nicht, mußte man wieder ganz von vorne anfangen, oder eine Bildstörung in Kauf nehmen). Danach wurde die Anlage nur noch zum Aufzeichnen von Theaterstücken, Abi-Feiern und ähnlichen Veranstaltungen sowie zum Abspielen von Unterrichtssendungen genutzt.

Im Februar 1981 wurde wieder der Versuch einer Video-Schülerzeitung gestartet. In Erinnerung an frühere „Erfahrungen" wurde die Sendung *„Kabelsalat"* genannt. Inhaltlich kam eine Neuerung gegenüber der ersten Sendung hinzu. Ein Unterhaltungsteil lockerte die oft trockenen Schulnachrichten auf. Am besten kamen dabei Satiren auf Werbesendungen an, die einfach nur mit neuem Text synchronisiert wurden.

Um mobiler zu werden, vor allem auch in Farbe senden zu können, sind wir 1982 auf VHS umgestiegen. Finanziert wurde das ganze über einen Kredit (5000,– DM), der durch wöchentliche Einnahmen aus dem Schülercafé in der Schule abgestottert wurde. Inzwischen sind 15 Folgen „Kabelsalat" erschienen. Ein 15minütiger Zusammenschnitt der 10. Sendung wurde im 3. Programm des WDR gezeigt. Zeitungsberichte, Radiointerviews folgten.

Die Gruppe (15–20 Schüler, ca. 12–20 Jahre alt) trifft sich regelmäßig zwei Stunden in der Woche zur Redaktionssitzung. Gefilmt wird zu allen Zeiten, wenn etwas anliegt.

Wenn die Endfassung des KABELSALAT geschnitten wird, geht schon mal ein Wochenende drauf.
Man braucht viel Optimismus, Idealismus und Zeit und nicht zu vergessen: Geld. Am besten irgendeine „schwarze Kasse", damit man z. B. bei Reparaturen und ähnlichen Aufwendungen den langen bürokratischen Weg umgehen kann.

Ralf Conrad
Kunsterzieher
Heresbachstraße 12
4242 Rees 4

●

Frauenprobleme an die Öffentlichkeit

„Die kleine Hexe" aus Berlin

„Die kleine Hexe" ist eine Gruppe von Mädchen/Frauen (17–23 J.) aus Berlin, die seit ca. 5 Jahren eine gleichnamige Zeitung herausgeben und Filme machen. Finanziert werden die Filme durch Taschengeld und die „Hexen-Kasse", die Spenden und Überschüsse aus dem Zeitungsverkauf enthält.
In der „Hexe" greifen wir sämtliche Themen auf, die uns interessieren. Konkret gesagt sind das z. B. Anmache, Sexualität, Selbsthilfeprojekte, Frauenpolitik, Indianerkommune u. v. m.. Überdies sind wir hocherfreut, wenn wir von Leserinnen gut geschriebene Texte veröffentlichen können. (Dicker Wink mit dem Zaunpfahl!!)
Wir versuchen, direkt und ehrlich unsere Meinung zu sagen, also ganz pur, ohne Kosmetik und Vertuschung. Die Stillosigkeit macht eben gerade den Stil der Zeitung aus.
Finanziell sieht's, wie bei den meisten autonomen Projekten, ziemlich duster aus. Mehr schlecht denn recht können wir uns per Handverkauf, Werbeanzeigen, Abonnenten über Wasser halten.
Diese kurz vor dem Abgrund stehende Lage hat uns jedoch nicht davon abgehalten, zwei Filme zu drehen! Beide Filme sollten dazu dienen, in der Öffentlichkeit auf die Probleme der Frauen, die ja auch mit denen der Männer einhergehen, aufmerksam zu machen

(also Benachteiligung am Arbeitsplatz, in der Sexualität und im Recht auf Selbstbestimmung).

Da wir mit der Zeitung nicht alle Personenkreise erreichen, versuchen wir, mit Hilfe der Filme ein Problembewußtsein zu schaffen, in der Hoffnung auf Verbesserung der Lage der Frauen in sozialer, wirtschaftlicher und politischer Hinsicht.

Daß die Filme längst nicht so ernst sind wie ihr Anspruch, liegt in dem Umstand, daß sie von uns sind! An Humor mangelt es jedenfalls nicht!

Film Nr. 1: „Mädchenpower" (27 Minuten, 1983).

Wie das nun mal so ist, liehen wir uns eines schönen Tages eine Super-8-Kamera aus und drehten einfach drauf los, ohne daß wir groß Ahnung im Umgang mit der Technik hatten.

Als Rahmenhandlung nahmen wir das Treffen einer Mädchengruppe, die über ihre Probleme wie Verhütung, Ausbildung, Werbung usw. diskutieren. Zwischendurch werden Szenen eingeblendet, die entweder überspitzt oder nahezu realistisch diese Themen aufgreifen. Trotz der miserablen Technik des Films gewannen wir beim Schülerfilmfestival anno 1983 einen von 10 Geldpreisen.

In Erinnerung an die Dreharbeiten, die uns sehr viel Spaß bereitet haben, und wegen der in Massen auftretenden Ideen für einen neuen Film, stürzten wir uns 1984 in die Inszenierung desselbigen:

Film Nr. 2: „Die Verwandlung" (30 Minuten, 1984/85).

Die Story: es geht um den 17jährigen Sven, einen Chauvi ersten Ranges, der von vier Außerirdischen in ein Mädchen verwandelt wird. Daß ihm daraus Probleme erwachsen, liegt wohl auf der Hand. Sven verliert die Lehrstelle als Dreher und wird von seinen Fußballkumpels fortan gemieden. Der Vater kann den „Verlust" des Stammhalters kaum überwinden. Eine Ausnahme macht dagegen seine Freundin Kerstin. Sie hält nämlich weiterhin zu ihm.

Wir haben den Film teilweise mit Video vorgedreht (ein heißer Tip!), um zu sehen, wie einige Sachen wirken. Danach haben wir mit Super-8 gefilmt.

Die „Verwandlung" lief 1985 im Programm des Schülerfilmfestivals.

Produktionsnotizen zur schrecklichen Geschichte, in der vier Außerirdische einfach einen Mann zur Frau umwandeln — the film goes on ...

Wer wird in diesem Film eigentlich nicht verarscht?

Das kam von Anuschka, die sich bei der Darstellung von Sven Dolawski viel Mühe gegeben hat, obwohl sie eigentlich viel mehr für's Abi hätte tun müssen. Claudel kann sich als Außerirdische „Traudel" nicht mehr sehen, und es ist ihr sehr unangenehm, daß sie öfter Mikrofone und Beleuchterinnen mitgefilmt hat, aber trotz alledem, es wäre an der Zeit, auch die Frauen hinter der Kamera

darzustellen. Tja, und zu der schiefen Bildebene meint Birgit, das wäre ganz klar ein Stilmittel, die schiefe Darstellung der Wirklichkeit symbolisch zu zeigen, worauf Marina, die wie Zerberus auf die vom Vater geborgte Filmklebepresse aufpaßt, fragt, für was wir eigentlich keine Entschuldigung hätten?
Inzwischen versuchen Natalie und Mauela einen mit Alleskleber verklebten Filmstreifen zu retten, mit dem gerade versucht wird, die zertretene Filmspule zu kleben. Jetzt reckt Sabine ihren Kopf in den Raum und fragt, ob wir mit unserer Schmierenkomödie immer noch nicht fertig wären.
Anuschka und Claudel nehmen gerade den Laufbildbetrachter auseinander, ohne zu erkennen, daß sie nur den Stecker aus der Steckdose gerissen haben. Andrea befestigt gerade die Leinwand an der Wand, weil Anja auf die Halterung getreten ist und Susanne sucht im Filmrestesack nach der verlorengegangenen Szene und hört sich dabei die Geräuschplatte „Tod und Terror" mit satanischer Freude an, worauf Anuschka sich weigert, einen so jämmerlichen Tod zu sterben.

P.S.: Während der Schneidearbeit mußten 400 Negerküsse dran glauben.

Wichtig:
Wer eine Zeitung haben will, überweise bitte 3 Mark plus Porto auf das Hexenkonto, PschA Berlin West (BLZ 100 100 10), Kontonr. 466083-101. Ein Abo kostet innerhalb Berlins 16 Mark, im Bundesgebiet 20 Mark. Spenden nehmen wir auch gerne entgegen. Wer unsere Filme sehen will, schreibt an
„Die kleine Hexe"
Postfach 440 550
1000 Berlin 44

●

Fehler und Erfolge (werden) ... aus dem Schrank geholt

Medienarbeit an der Gesamtschule Geretsried

1973 trafen sich an der Gesamtschule Geretsried mehrere Schüler der 7. und 8. Klasse, um miteinander Filme zu machen. Die Neigungsgruppe „Film" war gegründet, und damals war es noch gar nicht absehbar, wie langlebig sie sein würde. Es war wie der Aufbruch in ein Neuland ...

Neigungsgruppe heißt, daß Jugendliche in der Schule ernsthaft arbeiten können, ohne unter den sonst üblichen leistungsorientierten Bedingungen von Unterricht zu stehen.

In der Regel besteht die Kernmannschaft der Gruppe aus ca. 20 Schülern, die aus verschiedenen Klassen und aus verschiedenen Schularten kommen. Das gemeinsame Filmemachen fördert das Miteinander; ein Film ist in der Regel nur von mehreren Leuten in Teamarbeit herzustellen. Diese Form der Arbeit fördert Freundschaften, löst aber auch klärende Gewitter aus, wo Konflikte im Untergrund schwelen.

Zu unserem Arbeitsprinzip gehört es, daß neue Schüler, die ab der Klasse 8 in die Filmgruppe eintreten können, durch Gruppenarbeit an das Medium Film herangeführt werden (z. B. technische Handgriffe und Filmgestaltung). Die Erfahrungsübermittlung wird erleichtert, weil die älteren Filmgruppenmitglieder den jüngeren zur Seite stehen. Fehler und Erfolge sind in den älteren Filmen erkennbar; die werden regelmäßig wieder aus dem Schrank geholt.

Nach dieser ersten Phase finden meist starke Umschichtungen statt. Kleinere Gruppen tun sich zusammen, um zunehmend selbständiger

Szenenphoto aus dem Film „Zeit" der Filmgruppe ‚Gesamtschule Geretsried'

zu arbeiten; dann beschränkt sich die Aufgabe der Filmgruppe als Ganzes auf die Rolle des Produzenten.
Regelmäßig findet das Plenum statt, bei dem alle Mitglieder der Gruppe anwesend sind. Hier werden alle neuen Filmideen vorgestellt, laufende Filmprojekte diskutiert und erste Zwischenergebnisse gezeigt.
Jeder findet in der Gruppe zu verschiedenen Zielvorstellungen, so wie sich die einzelnen Persönlichkeiten unterscheiden. Einig sind wir uns aber darin, daß wir nicht kommerzielles Kino nachahmen wollen. Wir wollen nicht einfach unterhalten, wir wollen vielmehr selbständige Sachen machen und von uns selber etwas zeigen. Wir wollen andere anregen, auch aktiv irgendetwas mit sich und anderen zu machen.
Über 50 Filme hat die Gruppe in den 14 Jahren ihres Bestehens produziert. Sie sind sehr unterschiedlich, was Länge, Form und Inhalt betrifft; die verschiedensten Gattungen wurden ausprobiert, wie Spielfilme, Experimentalfilme, Dokumentarfilme, Animations- und Zeichentrickfilme.
An der Schule laufen unsere Filme regelmäßig vor einem großen Publikum, außerhalb von Geretsried sind sie auf verschiedenen Filmfestivals zu sehen und bekommen meistens auch irgendeinen Preis.
Ganz wichtig für uns ist, zu diesen Schüler- und Jugendfilmfestivals hinzufahren, um Leute kennenzulernen. Vielfach sind aus solchen Begegnungen Freundschaften entstanden, die quer durch Deutschland reichen.
Da Filmemachen nicht nur eine kreative Beschäftigung ist und die Herstellung des Produktes Film mit hohen Kosten für Geräte und Material verbunden ist, dient die Vorführung des Films auch dazu, den Film zu finanzieren. So sind Eintritte und Spenden wichtige Finanzquellen. Ansonsten half uns schon mehrmals der Elternbeirat oder wir finanzierten teurere Geräte mit auf Festivals gewonnenen Geldprämien.

Filmgruppe Gesamtschule Geretsried
c/o Wolfram Weiße
Rotkehlchenweg 19 A
8192 Geretsried

(Wolfram Weiße ist Kunsterzieher und Leiter der Filmgruppe)

KINO-BUS

GNADENLOS GÜNSTIG!

KINO IM LKW

ein ereignis

WANDERKINO

KINOLASTER

— mirona-kino kommt überall hin —

Privatvorstellungen
Preview-Vorführungen
Kinderläden
undergrounds
Freiluftvorführungen
'Kino auf dem Lande'
Schulklassen
Familienfeiern
Vorführungen in schwierigem Gelände
Filmgesellschaften
Vorführungen auf dem Pazifik
Freundeskreise
Sommernachtsfeten
Kaffeekränzchen
festivals

Franz + Thomas
 Winkelkotte
Reichenbergerstr 120
1000 Bln 36 Tel **6115620**
wir plaudern gern

„Gnadenlos günstig"

Mit dem Kinolaster unterwegs

Was war eigentlich zuerst da?
Das Auto oder die Idee oder das Kino oder das Rumfahren oder oder oder... Eigentlich können wir das nicht mehr so genau sagen, warum wir dieses Kino auf Rädern „MIRØNA-KINO" angefangen haben. Jetzt sind's schon über zwei Jahre her, daß wir diesen Möbelwagen gekauft haben, nach zähen Verhandlungen mit schlechtgelaunten Autohändlern. Überlegt hatten wir uns das mit dem Auto, weil wir mit unserer Musiktruppe auf Tournee gehen wollten, aber die gabs dann irgendwann nicht mehr...
Ein fahrendes Kino hatten wir noch nie gesehen und schon gar nicht ein Kino im LKW. Jetzt passen 20 Leute in unser Auto. Auf sechzehn Kinostühlen und einem Sofa laufen bei uns die Filme in gemütlicher Runde. Vorher wird über Rauchen oder Nichtrauchen abgestimmt.
Für das Umbauen dieses Möbellasters zum „Lasterkino" haben wir so etwa vier Monate gebraucht, zwischendurch mußte die Hälfte von uns ins Krankenhaus, z. B. einer, weil er sich fast sein Bein abgesägt hätte. Dann war Sommer und wir wollten endlich los. Eigentlich glaubte aus unserer Straße so niemand richtig daran, daß wir mal losfahren würden, wir selber wußten auch manchmal nicht mehr so richtig Bescheid. Oder das Geld war mal wieder alle, dann mußten wir erst wieder nachts Taxifahren, um Geld zu verdienen.
Losgefahren sind wir Ende August '84 mit Filmen über Jugendliche hier aus Berlin: „Am Ende des Regenbogens", „Die von der Straße" und noch zwei Kinderfilmen, die uns die Film- und Fernsehakademie zur Verfügung gestellt hatte. So mitten auf'm Land, nördlich von Hannover, sind wir dann gelandet und haben uns schnell wundern müssen, wie wenig Leute sich für uns interessieren. In Nienburg hat uns dann der Kulturdezernent sogar aus seinem sauberen Städtchen rausgeschmissen. In Nienburg gäb's genug Kultur. Oder wir standen mit unserem LKW in diesen Dörfern auf dem Marktplatz und wurden immer wieder von neugierigen Mofahorden umrundet. Entweder traute sich niemand ins Kinomobil oder es war rappelvoll. In Walle haben sie uns schon morgens um acht geweckt, völlig überrascht, daß wir uns in ihr Dorf verirrt hatten. Wir wurden dann zum Bürgermei-

ster und zum Lehrer geschleift – wegen Genehmigungen –, abends war dann die versammelte Jugendszene bei uns im Kino. So erlebten wir auf unserer ersten Fahrt durch die norddeutsche Tiefebene verschiedene Höhe- und Tiefpunkte; die Freiluftkinovorführungen sind dabei immer noch am besten.

Allerdings mußten wir zu unserem Projekt, das uns bis jetzt ungefähr 15000 Mark gekostet hatte (alles selbst bezahlt) immer noch zuzahlen.

1985 gingen wir mit Filmen aus Nicaragua auf Tournee, die vom dortigen nationalen Filminstitut produziert wurden. Dazu dann noch der Revolutionsschinken „Der Aufstand", aber schlecht ist der ja auch nicht. Die Reise führte durch Hessen und Rheinland-Pfalz und war ein voller Erfolg. Wir mußten auch nichts zuzahlen. Außerdem rufen jetzt noch Leute von der Tournee an, ob wir nicht wiederkommen können.

Zwischendurch gibt es immer eine Menge kurzfristig organisierter Veranstaltungen in West-Berlin oder auch in Westdeutschland, wenn es mit der Kohle klar geht.

Was wir aber ursprünglich planten, nämlich monatelang mit unserem Kinolaster durch die Gegend zu fahren und überall wo es uns gefällt stehenbleiben und „Kino machen", klappt leider noch nicht. Zu wenig Kohle, zu wenig Leute, die darauf abfahren – der Kulturbetrieb in der Bundesrepublik ist eben langfristig organisiert. Wer mit uns aber kurzfristig Kino oder ähnliches machen will, soll sich bei uns melden.

MIRØNA KINO
Franz und Thomas Winkelkotte
Reichenberger Str. 120
1000 Berlin 36

An Hollywood haben wir nie gedacht ...

Nachgedanken zu einem Filmerfolg

Kerstin Meyer

Kerstin Meyer gehört zur Filmgruppe „cm-film-berlin", die 1979 in einem Berliner Jugendfreizeitheim entstand. Mit dem Super-8-Film ‚Carambolage' (Drehbuch, Regie: Andreas Lange) erhielt die Gruppe beim 3. bundesweiten Schülerfilmfestival 1985 von der Jury einen ‚Filmpreis'; der NDR zeigte den 70-Minuten Film anschließend ungekürzt im 1. Fernsehprogramm der ARD.

Jetzt sitze ich hier an meinem Schreibtisch, mein Ofen ist ausgegangen, es ist ein bißchen kalt und ich starre aus dem Fenster in den Regen.
... Wie war dieser Titel nochmal? Irgendetwas mit Hollywood? Als ob wir jemals an Hollywood gedacht hätten!
Wie fing denn alles bei mir an?
Irgendwann lernte ich ein paar Leute kennen. So nebenbei erzählten sie, daß sie gerade ein Filmprojekt starten wollten, wozu sie noch Darsteller suchen würden. Ich und Darstellerin, wohl kaum! Da ich derzeit jedoch keinem großartigen Hobby nachging, hatte ich schon Lust im Drehteam mitzuarbeiten. Film hörte sich ja irgendwie ganz nett an.
Vom ersten Film bekam ich nur die letzten Szenen der Vertonung und die Premiere mit. Dann fing die Planung für das neue Projekt an. Nach den Erfahrungen des alten Filmes, teilten wir die Aufgaben im Drehteam strikt ein, wollten auch eine Trennung zwischen Filmemachern und Darstellern, damit nicht wieder alles im Chaos endete.
Für die Darstellersuche ließen wir im Rundfunk Durchsagen vorlesen und gaben in Zeitungen Annoncen auf.
Die Resonanz war riesig, das Telefon lief heiß. Wir notierten die Leute und luden sie zu Probeaufnahmen ein.
Obwohl es kein Geld dafür gab, erschienen 60 Interessierte. Wir gaben uns sehr „cool", alles irgendwie professionell organisiert, reibungsloser Ablauf, spärliche Informationen über das Drehbuch.
Innerlich waren wir jedoch heillos aufgeregt und unsicher. In der Woche sahen wir uns die Darsteller, die wir auf Video aufgenommen hatten, immer wieder an.
Die Auswahl empfand ich als sehr schwierig, nicht nur der Vielzahl wegen, sondern auch der Kriterien wegen. Da ich bisher ja nur Filmkonsument war, hatte ich da echte Schwierigkeiten, vor lauter Begeisterung für ein schauspielerisches Talent auch darauf zu achten, ob er oder sie auch in die Rolle paßten.
Sehr großen Spaß machte die zwischenzeitliche Suche nach Drehorten, Termine klarmachen, Anrufe tätigen, die Mithilfe war groß. Zu der Zeit waren wir nun fast jeden Nachmittag in Sachen Film unterwegs. Das Projekt hatte uns gepackt, alle unsere Gedanken drehten sich um den Film.
Als die Schauspieler und die Drehorte standen, ging's endlich los.

Unser erster Drehtag begann mit verhangenem Himmel, etwas nieselig war es auch, trotz Sommer. Die Kneipenszene sollte gedreht werden, alles war klar: Drehort stand, alle 15 Darsteller waren pünktlich zur Stelle, nur einer der Hauptdarsteller war kurzfristig abgesprungen. Was nun? Da wir nicht alles platzen lassen konnten, sprang kurzerhand unser „Regisseur" für die Rolle ein.
Die Dreharbeiten waren teilweise ziemlich stressig, von der Terminplanung ging meistens alles reibungslos, unser längster Drehtag dauerte von 5 Uhr morgens bis 21 Uhr abends.
Es war oft kalt und regnerisch und das kann bei Außenaufnahmen ganz schön an die Nieren gehen. Zudem war unser Kameramann auch oft ziemlich „mürrisch" und genervt, so daß stressige Situationen manchmal in Konfrontation ausarteten. Trotz alledem war der Zusammenhalt groß, da wir alle ein gemeinsames Ziel hatten.
Ein tolles Gefühl war, als die ersten Filmrollen im Projektor vor uns flimmerten.
In Marios Küche wurde dann der Film geschnitten, insgesamt sechs mal.
Aber dann kam der Ton! Das war wohl am schwierigsten und nervendsten. Bis tief in die Nacht wurde vertont, mit Kaffee versuchten wir uns oft wachzuhalten, tausendmal wurde eine Szene wiederholt, bis der Text auch mit den Mundbewegungen exakt übereinstimmte.
Dann endlich! Der große Tag war da, Film fertig: Premiere. Bei Sekt und belegten Brötchen kamen rund 120 geladene Gäste ins Jugendfreizeitheim. Wir waren wahnsinnig aufgeregt, ob der Film denn gefallen würde. Wir führten als Einlage noch einen kleinen Sketch vor, dann wurde es dunkel, der Film begann. Bei den Bildszenen, die wir nicht so gut fanden, oder bei jedem kurzen Geleiere des Projektors, der den Ton verzerrte, versanken wir Richtung Erdboden. Aber als die ersten Lacher kamen und sogar auch bei Szenen, die wir gar nicht soo komisch fanden, stieg unsere Zuversicht.
Es war ein großartiges Publikum, das mit lautem Geklatsche unsere Arbeit ja irgendwie „belohnte".
Durch Zufall hatten wir von dem Schülerfilmfestival in Hannover erfahren und dachten uns, den Film, abgefilmt auf Video, mal aus Spaß einzuschicken. Überraschenderweise wurden wir auch eingeladen. Wir freuten uns unheimlich, da wir keinen Kontakt zu anderen

Filmern besaßen und dadurch auch keinen Vergleich hatten. Als dann die Pressefritzen uns heißmachten, daß wir zu den Favoriten zählten, konnte ich das gar nicht glauben, bis zum Schluß, als bei der Preisverleihung einer nach dem anderen aufgezählt wurde. Plötzlich schoß es mir durch den Kopf, jetzt kriegen wir noch nicht einmal einen Trostpreis, schaute Edith so an, die wohl das gleiche dachte, und wir mußten laut darüber lachen. Das blieb uns aber vor Schreck im Halse stecken, als der 1. Preis für „Carambolage" von cm-film-berlin aufgerufen wurde.

Danach überrollten uns die Presseleute, wir standen plötzlich im Mittelpunkt.

Jetzt wollte jeder den Autor und Regisseur oder den Kameramann sprechen. Ich glaube, hier fing schon das Auseinanderreißen der Gruppe an. Die Presse und andere, die etwas zu „sagen" haben, heben einen ins Rampenlicht, klar, daß das nicht diejenige war, die die „Klappe" machte. Das Spiel der Wertung begann, jeder wird irgendwie eingestuft, plötzlich waren wir nicht mehr gleichrangig.

Szenenphoto aus dem Film „Carambolage"

Wieder in Berlin, standen wir nicht mehr im Rampenlicht, es gab zwar diverse gute Kritiken in den Tageszeitungen und Zeitschriften, aber auch einige schlechte.
Es gibt tausend Dinge, die wir für den nächsten Film besser machen wollten und was wir daraus gelernt hatten.
Als Nachruhm konnten wir ne' Menge Fahrten machen, wir wurden zum Jugendempfang beim Bundespräsidenten eingeladen, zwei von uns fuhren zur Tagung „Situation des Jugendfilmes in der Bundesrepublik Deutschland" nach Oberhausen und zuletzt wurden wir von der DLRG nach Damp/Ostsee eingeladen, um dort unseren Film zu zeigen.
Ein zweiter Höhepunkt war sicherlich die Ausstrahlung von „Carambolage" zu Pfingsten vom NDR im 1. Fernsehprogramm. Langsam bröckelte aber der Zusammenhalt ab. Zwei von uns hatten Erfolg geleckt und wollten damit auch was anfangen.
Einer schrieb was für den NDR, der andere hat sich später ganz aus der Gruppe ausgeklinkt und will zum Kameraassistenten ausgebildet werden.
„Unser" nächster Film verschwand immer weiter in der Ferne. Ich sah die anderen kaum noch. Nervereien untereinander waren die Regel. Die plötzlichen Alleingänge trafen mich sehr, weil für mich Filmerei nur als Hobby zur Debatte steht. Nun war da ein Scherbenhaufen und unser nächstes Projekt zerbröckelte.
Nach fast einem Jahr Entfremdung ist Andreas vom Erfolgstrip runter, hat teilweise mit Mario eine neue Story ausgearbeitet.
... und vielleicht gelingt es uns bald wieder ungezwungen als gleichberechtigte Gruppe an einen neuen Film heranzugehen. Nicht um einen professionellen Film zu machen, sondern wie zu Anfang für uns, aus Spaß an der Sache ...
Jetzt sitze ich hier immer noch am Schreibtisch, es ist mittlerweile dunkel geworden, und ich befinde:
Hollywood ist für mich nie erstrebenswert und ich hoffe, für die anderen auch nicht mehr.

cm-film-berlin
Hannemannstraße 64
1000 Berlin 47

Wenig Schlaf und viel Applaus

Die Geschichte des *Tinte-Studios* und die Entstehung
des Films „Apollinaris now"

Als ich mit 7 Jahren zum ersten Mal in einem Kino saß, war ich fasziniert von Charles Chaplins „The Kid" und Alan Parkers „Bugsie Malone". Das erste, was mir vorschwebte war, Schauspieler oder Filmvorführer zu werden. Verwandte brachten mich auf die Idee, selbst Filme zu machen. Eine Möglichkeit, die ich damals nicht sah, weil ich von den Arbeiten „hinter den Kulissen" noch gar keine Ahnung hatte. Mit 11 Jahren bekam ich meine erste Kamera und fing an, kleine Gagfilme von der Filmdauer einer Super-8-Kassette zu drehen. Ich zog zu der Zeit von der Stadt aufs Land und ging mit der Kamera auf Streifzug durch die Wälder, um Tiere zu filmen. Aus diesem Grund nannte ich mein Studio *„Tinte-Studio"* nach dem Namen meiner schwarzen Katze, als Symbol für Naturfilme.

Durch Anschaffung eines Schneidegerätes konnte ich kleinere Spielfilme drehen und sie zusammenschneiden. Als dann noch der Ton dazu kam (durch Nachsynchronisation), stellte ich die Filme im Dorfeigenen Bürgerhaus oder in Schulen vor. Ich schrieb ein Drehbuch und trommelte Freunde zusammen, die meist in den Ferien ihre Zeit opferten, um meine Ideen zu verwirklichen. So entstanden die

Filme „Eine abenteuerliche Schatzsuche" und „Der wilde Westen".
Es waren noch fast ausschließlich verfilmte Gags.
Es folgten ernsthaftere Filme: „Zwei Zeugen sind zuviel", ein Thriller, bei dem wir für zwei Tage ein Hochhaus in Lübeck auf den Kopf stellten (zum Glück war der Vater eines Darstellers dort Hausmeister), und „Norberts Overdrive", ein Film ohne Dialog über die Phantasien eines verklemmten Jungen, unterlegt mit der Musik von Micky Koch (Sänger der Gruppe „ZING").
Nach einjähriger Filmpause (Grund: mal wieder die Schule) hatte ich die Grundidee zu einem „abendfüllenden" Film. Ich scharrte ein paar gute Freunde um mich, um eine Art Drehbuch zu schreiben. An mehreren Wochenenden, oft verbunden mit einer anschließenden Fête, entstanden die einzelnen Gags und die Charaktere des Films „Apollinaris now". Wir fingen in den Herbstferien mit den Dreharbeiten an und standen prompt vor einer Vielzahl vorher nicht beachteten organisatorischen Probleme. Wir brauchten einige „Luxuskarossen" für die Bonzen, einen Konferenzraum und jede Menge Genehmigungen von der Stadt, um z. B. die Besetzung des Marktplatzbrunnen durch die Jugendlichen in Szene zu setzen. So drehten wir letztendlich doch ohne offizielle Genehmigungen. Einmal erschien sogar die Polizei, als wir mit einem täuschend echten Polizeikostüm arbeiteten. Zusätzlicher Streß kam auf, als ich eine Frist setzte, da ich umziehen mußte. So hatten wir den Zeitpunkt der Premiere schon festgesetzt, bevor die Hälfte des Films fertiggestellt war.
Große Probleme bereitete uns die Beleuchtung, da wir erst nachmittags mit dem Drehen anfangen konnten (vormittags zur Schule/ Lehre) und es im November schon gegen 16.00 Uhr zu dunkel zum Filmen wurde. Aus diesem Grund gibt es in dem fertigen Film einige Dunkelszenen. Schließlich schafften wir es, daß der Rohschnitt des Films eine Woche vor dem Aufführungstermin fertig war.
10 Minuten vor der Aufführung hatte ich die erste von insgesamt 3 1/2 Filmrollen fertig vertont. Wir hatten sämtliche Zeitungen sowie einige bekannte Persönlichkeiten eingeladen, der Saal war übervoll und der Film noch nicht fertig. Schließlich dauerte die Vorführung (die übrigen Rollen vertonte ich zusammen mit unserem Soundmaster während die erste schon lief) insgesamt vier Stunden, und trotz der teilweise arg provisorischen Vertonung harrte das Publikum

geduldig aus. Wir hatten an dem Wochenende vielleicht fünf Stunden geschlafen und befürchteten, durch die schlechte Tonqualität ausgebuht zu werden, doch das Publikum baute uns wieder auf und applaudierte stürmisch.
Ich bin inzwischen nach West-Berlin gezogen, um mich intensiver mit dem Medium Film zu beschäftigen.

Nico Drews (Baujahr 1968)
Nehringstraße 34
1000 Berlin 19

●

Bei der Premiere ein Riesenfest

Amateur-Action-Filmgruppe in Büsum

Wir, die AAFg (Amateur-Action-Filmgruppe), sind Gymnasiasten und Berufsschüler. Wie unsere Arbeit läuft? Ich selber schaue mir sehr viele Filme im Kino oder auf Video an. Am meisten interessiert mich die Art, wie der Film gemacht wird: Kameraeinstellung, Tricktechnik und nicht zuletzt die Handlung und Musik.
Zuerst habe ich eine Idee, irgendeine Sache, die man zu einem Film machen könnte. Diese Idee erzähle ich dann meinem Team, und sobald die daran interessiert sind, schreibe ich das Drehbuch. Das alleine dauert immer etwa einen Monat, ich suche mir Drehorte aus, in die der Film paßt, spreche mit Leuten, die ich noch zu dem Film brauche, und zuletzt mache ich mich an die Tricks, wobei Ideen der anderen Gruppenmitglieder immer mithelfen. Vom Drehbuch werden Kopien angefertigt und an die Hauptdarsteller (der feste Stamm des Teams) verteilt. Dann treffen wir uns mit allen Leuten zu einer Besprechung, in der bei einem Bier oder einer Cola über finanzielle Probleme, Drehorte, Garderobe und Drehtermine geredet wird. Die Story wird noch einmal durchgegangen und die letzten Unklarheiten beseitigt.
Beim Drehen selber haben wir immer eine Unmenge Spaß, da passieren Sachen, die gar nicht vorgesehen sind, oder eine Aufnahme oder ein Trick werden besser als geplant. Natürlich müssen auch Szenen wiederholt werden, wieder und wieder, das strapaziert

natürlich die Nerven, denn jeder Meter Film kostet unser Geld. Dann, nach und nach kommen die Filme aus der Entwicklung, und die eigentliche Arbeit beginnt: das Schneiden. Das Aneinanderreihen einzelner Szenen zu einem flüssigen Bewegungs- und Handlungsablauf. Dann der Reinschnitt und das Vertonen. Geräusche und Texte müssen übereinstimmen, wobei wir unsere Hauptschwierigkeit haben, aber bis jetzt hat es immer geklappt. Wir filmen selten mit Live-Ton und synchronisieren alles nach. Vorteil: Besserer Ton und keine störenden Nebengeräusche. Immer wieder ist es eine Freude zu sehen, wie gut die Musik zu den Szenen paßt, wobei die Steigerungen in der Musik immer denen der Handlung entsprechen (reine Glückssache, glaube ich). Und dann Premiere, ein Riesenfest und der immer wiederkommende Applaus der Zuschauer.

Das Wichtigste bei einer Story ist für mich die Steigerung der Handlung. Wenn der Zuschauer schon am Anfang zuviel „Power" zu sehen bekommt und es nachher immer lahmer wird, kann er den Film nicht interessant finden. Wie der Name unserer Gruppe schon sagt, drehen wir Actionfilme. Diese Filme sprechen die meisten Leute unserer Altersgruppe (bei uns jedenfalls) an. Unser letzter Film „Die Legende von Treeborn" kam an. Kasten v. S. 50. Es war eine Art Endzeit-Film, die Erde ist überbevölkert, ein Gesetz wird erlassen, daß jeder jeden töten darf, ohne dafür bestraft zu werden. Treeborn, ein cooler Typ, setzt sich besonders gut in dieser entarteten Welt durch und wird zum Helden. Da jeder gerne einmal Held sein möchte, versucht natürlich jeder diesen Kerl umzulegen. Das ist eine interessante Story mit jeder Menge Spezialeffekten. Für uns war es ein Problem, die richtigen Drehorte für einen solchen Endzeit-Film zu finden. Nichts darf zu neu aussehen, es dürfen keine Leute im Hintergrund herumlaufen. Die Waffe Treeborns, eine alte Steinschloßpistole, mußte einen gewaltigen Rückstoß haben, ein Mündungsfeuer mit viel Qualm und Rauch, die Einschläge mußten schrotartig wirken. Einmal brannte im Film Chris' Arm, dafür mußten Sicherheitsvorkehrungen getroffen werden. Der Film sollte an einen Western erinnern mit wilden Schießereien und Schlägereien, ohn viel Blut und voll Action.

Norbert Krawiec
Nipso Witt
2242 Büsum

DIE LEGENDE VON TREEBORN
(Drehbuchauszug)

Szene	Handlung
1	Rennende Beine
2	Straße aus rennender Sicht
3	Rennende Beine, Schwenk auf Oberkörper von Sandy, sich umschauend
4	Straße hinter ihm, aus rennender Sicht, ein Verfolger
5	Sandy rennend, Tränen in den Augen
6	Sandy stolpert
7	Bleibt kraftlos liegen, krümmt sich zusammen, wimmert
8	Verfolger kommt näher
9	Sein Schatten wirft sich über ihn, wimmer
10	Verfolger zeigt hämisches Lachen, holt mit Axt aus
11	Sandy im Sand
12	Verfolger, plötzlich Lauf an Schläfe, schaut zur Seite
13	Treeborn
14	Drückt ab, Blut spritzt
15	Verfolger sackt zusammen
16	Treeborn hilft Sandy auf „Es ist alles in Ordnung, alles in Ordnung."
17	Sandy schaut auf, dreckiges Gesicht, lächelt
18	Treeborn ohne sein Gesicht zu verziehen „Komm!"

(Quelle: aus den Begleitmaterialien zum Film ‚Treeborn')

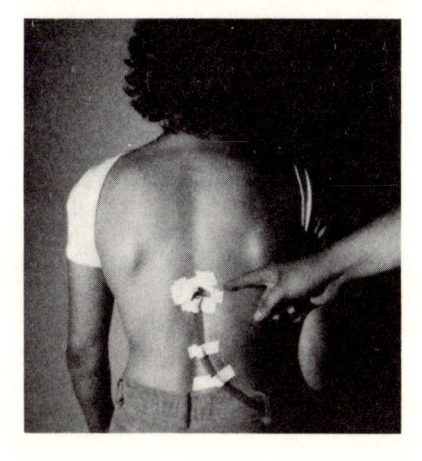

Vorbereitungen zu einem Trick in unserem Action-Film „Die Sperre".
Ein Schuß in den Körper. Auf dem Rücken haben wir mit Isolierband einen Schlauch befestigt, durch den im richtigen Moment eine rote Flüssigkeit ausgeblasen wird.

ZORK – oder wie die 9d die Welt beinahe zugrunde richtete

Videoarbeit an der Edertalschule Frankenberg

Der Filminhalt:

Robert Michelmann, ein schlechter Schüler, kompensiert seine schulischen Mißerfolge, indem er sich in die Scheinwelt seiner Lieblingslektüre flüchtet, wo er als strahlender Science-Fiction-Held Frauen und Verbrecher zur Strecke bringt.

Als Rodney Fascio gelingt es ihm, unter Einsatz seines Lebens und dem Verlust seines Raumschiffes unter seiner Crew, den skrupellosen Gangster Argo, der die Erde erpreßt und mit Vernichtung bedroht, unschädlich zu machen.

Aber während er träumt und siegt, ist seine Mutter nicht untätig und spricht mit seiner Lehrerin ...

Liebe Veranstalter des Schülerfilmfestivals!

Was da vor Euch liegt, war eine äußerst schwere Geburt, bis jetzt genährt einzig mit Schweiß, Blut und Tränen. Und wenn unser Klassenlehrer nicht ein solcher Sklaventreiber wär, nicht zuletzt auch sich selbst gegenüber, so hättet Ihr jetzt einen – unseren – Beitrag weniger.

Entstanden ist die Idee aus der Beschäftigung mit Science Fiction im Rahmen einer Unterrichtseinheit. Irgendwann kam unser Deutsch- und Klassenlehrer, Herr Froschhäuser, mit dem Vorschlag, als Handlungskonsequenz doch selbst ein SF-Buch oder Hörspiel zu produzieren. Und plötzlich, keiner weiß mehr so recht zu sagen wie, stand der Vorschlag im Raum, wenn schon, dann aber richtig, machen wir doch einen Videofilm (bei uns heißt das „Fiddeo").

Keiner besaß auch nur die geringste Ahnung, aber bald war ermittelt, daß über private Kanäle eine simple Kamera und ein Haushaltsvideogerät zu organisieren waren.

Und dann verselbständigte sich diese hirnrissige Idee, das Filmfieber brach aus.

Wie und was der Film werden sollte, darüber konnten wir uns nicht einigen: Lernkontrolle, Remake von anderen SF-Filmen oder eine Satire. Wahrscheinlich ist es jetzt eine Mischung aus allem. Nur eines war klar, die ganze Klasse mußte mitwirken, jeder sollte auf Zelluloid verewigt werden.
Und dann gings los: das Drehbuch wurde von einem Team geschrieben. Rollen wurden besetzt. Texte gelernt. Requisiten beschafft. Drehorte ausgespäht usw.
Und da tauchten auch schon die ersten Schwierigkeiten auf. Da unsere Schule einen großen ländlichen Einzugsbereich hat und wir Schüler z. T. erhebliche Anfahrten mit öffentlichen Verkehrsmitteln haben, durften nur wenige Drehtage angesetzt werden. Die Drehorte mußten im Bereich der Schule gefunden werden, was bei dem Genre SF nicht ohne Probleme ist. Aber ein Sprachlabor, ein uralter Beleuchterraum oder die Flure in einer funkelnagelneuen Großsporthalle sind als Kulisse nicht zu verachten. Ja, und dann die Schauspielerei! Unser Deutschlehrer bekam graue Haare. Am liebsten hätte er uns alle erst einmal für Wochen in einer HNO-Klink untergebracht. Bei einigen zweifelte er sogar an ihrem Talent. Wir haben es dann trotzdem realisiert: 3, 4, 5 Proben, dann 3, 4, 5 Aufnahmen. Und das an acht Nachmittagen innerhalb von drei Wochen. Aus dem anfänglichen Spaß wurde Verbissenheit, unser Sklaventreiber zeigte, was in ihm steckt.
Schließlich hatten wir als Ergebnis der ersten drei Monate des Projekts Videofilm ca. 3,5 Stunden Rohmaterial im Kasten. Das war im März des Jahres, da waren wir noch die 9d.
Als Termin für die Fertigstellung des Films hatten wir uns Anfang Juli gesetzt, da sollte der Film auf dem Schulfest vorgeführt werden.
Aber jetzt gingen die Schwierigkeiten erst richtig los. Ein zweites Videogerät zum Schneiden und Überspielen konnte noch besorgt werden, der Umgang mit den Geräten in der beabsichtigten Weise erwies sich aber als fast unmöglich. Selbst mit der Stoppuhr in der Hand ist es uns kaum gelungen, die richtigen Schnittstellen zu erwischen. Das Ein- und Ausklinken des Videobandes machte es oft unmöglich. Neben den technischen Schwierigkeiten kamen inhaltliche: Szenen mußten umgestellt werden, der Handlungs- und Erklärungswert geriet in Gefahr. Bis heute weiß noch niemand, wie es dem Helden gelungen ist, sich nach der zweiten Gefangennahme zu

INCOGNITO

JÖRG EULER
ANDREAS RUTSCH

EIN FILM VON
JENS OENICKE

befreien. Und dann die erheblichen Qualitätsverluste bei Bild und Ton durch das Kopieren! Was Euch vorliegt, ist die zweite Kopie vom Rohmaterial und teilweise sehr schlecht, aber daran konnten wir nichts ändern.

Unser Fazit: Der Aufwand war riesig, eigentlich haben wir uns übernommen, aber als uns unser Klassenlehrer das fertige Ergebnis vorlegte, haben wir uns gefreut und waren auch zufrieden. Wenn Ihr das Glück nur ein bißchen nachempfinden könnt, schätzen wir uns glücklich.

Die Klasse 9d der Edertalschule Frankenberg
Quelle: aus den Begleitmaterialien zum Film ‚ZORK'

●

Das Ahornblatt

Ein Drehtag mit Hindernissen

> Ein arbeitsloser Erfinder beschließt, sich an der Menschheit, die er für seine Mißerfolge verantwortlich macht, zu rächen. Zeitungsredakteure, zwei Jugendliche, ein Fotoreporter u.a. werden Zeugen merkwürdiger Unglücksfälle: es explodieren Flugzeuge und Schiffe. Trümmer werden nicht gefunden, weder Menschen vermißt, noch Tote geborgen. Als sich auch noch ein unbekanntes Himmelsobjekt am Nachthimmel zeigt, scheint der Weltuntergang bevorzustehen. Doch schließlich kommt alles anders ...
> Was wir wollen: das (leider) katastrophenliebende Publikum befriedigen, aber gleichzeitig einen anspruchsvollen und nachdenklichen Science-Fiction-Stoff liefern.

Stellt Euch folgende Situation vor:

Es ist der einzige Mittwoch vor den Osterferien (bis dahin soll der Film abgeschlossen sein), an dem Herr W., der Chef des Air-Taxis, nicht in den Lüften schwebt. Die Dreharbeiten können nur bei

einigermaßen gutem Wetter stattfinden. Und dann schaut man morgens aus dem Fenster. Und was sieht das Auge? Einen total verhangenen Himmel und strömenden Regen. Nach dem ersten Schrecken besinne ich mich auf die Wettervorhersage, die für den späteren Vormittag Besserung prophezeit hat. Etwas niedergeschlagen treffe ich in der 9e meiner Schule ein – total durchnäßt. Da wir sofort nach dem Unterricht mit dem Bus aufbrechen wollen, habe ich meine Kameraausrüstung gleich in die Klasse mitgebracht, leider nicht mehr ganz trocken.
Sofort umringen mich meine Mitarbeiter: „Drehen wir heute?" Ich versuche, ihnen die Dringlichkeit der Lage klarzumachen. Doch Optimismus kommt nur schwer auf. Wir entscheiden, daß das Wetter nur ein schlechter Witz ist, über den man kurz lachen und ihn dann vergessen sollte. Trotzdem ertappe ich mich immer wieder dabei, wie

ich kurze, immer länger werdende Blicke gen Himmel richte, anstatt den Worten der Lehrer zu lauschen. Ralf schreibt indessen das Drehbuch auf Regen um. Während der Pause verlasse ich unerlaubterweise – es gießt immer noch – den Schulhof, um Herrn W. telephonisch mitzuteilen, daß wir auf jeden Fall kommen. Kein Anschluß. Als wir mittags in den Bus steigen, der uns in das 25 km entfernte Koblenz bringen soll, schüttet es dermaßen, daß eine Sintflut nichts dagegen ist. Freundlicherweise artet das Ganze noch in einen mittleren Schneesturm aus. Zu allem Unglück bleibt der Schnee auch noch liegen. Wenn bei einer Aufnahme Schnee liegt, muß er auch bei allen anderen Szenen dabei sein, da der Film innerhalb einer Woche spielt. Da Dreiviertel des Films schon abgedreht sind, müßten wir bei Schnee kapitulieren. Aber in Koblenz, auf dem Weg zu McDonald's, wo uns ein phosphathaltiges Mittagessen erwartet, stellt sich zu unserer großen Freude die ersehnte Schneeschmelze ein und es hört auf zu regnen. Eine halbe Stunde später gibt es sogar einige blaue Himmelsabschnitte, die Sonne scheint – die Welt ist wieder in Ordnung. Frohgemut begeben wir uns zum Hauptbahnhof. Von dort aus wollen wir mit dem Zug nach Winningen an der Mosel weiterfahren. Das kostet für das ganze Team 27,20 DM (und das für knapp eine Drehbuchseite!). Schrecksekunde als der Nahverkehrszug 15 Minuten später abfährt: wir sind um 15 Uhr mit Herrn W. verabredet, jetzt ist es bereits zehn Minuten später. Und in Winningen müssen wir noch 1 km laufen. Aber das kann man ja in knapp 10 Minuten schaffen. Pustekuchen – uns trifft fast der Schlag, als wir den Tower des Flugplatzes in luftiger Höhe auf der Spitze eines netten kleinen Berges erblicken. Ich hatte nicht an die Weinberge gedacht und einen Kilometer Luftlinie berechnet. Als wir um 15 Uhr am Flugplatz angekeucht kommen, fragen wir nach Herrn W. Keiner scheint ihn zu kennen. Ich haste vom Tower zu den Flughallen und zurück.

Endlich, ich habe bereits jegliches Zeitgefühl verloren, finde ich ihn. „Da kommt ja unser Jungfilmer", begrüßt er mich freundlicher als erwartet. Duch ein Telefonat mit meiner Schwester war er über unsere Situation informiert. Jetzt lief alles wie am Schnürchen. Wir durften mit der Maschine alles machen, was wir wollten. Sogar den Propeller stellte uns Herr W. an, damit alles ganz echt aussah. Die Darsteller versprachen sich verhältnismäßig wenig. Wenn man davon

absieht, daß Harald einen Lachanfall bekam (für die Nachwelt festgehalten im „Nachspann-Film": „Geschnittene Szenen ..."), kann man die Dreharbeiten als erfolgreich beendet ansehen. Als uns Herr M. abends mit dem Auto abholt und wir um 19 Uhr endlich wieder zu Hause sind, fallen wir fast um vor Müdigkeit.
Die heute gedrehte Filmszene ist sage und schreibe 1,5 Minuten lang!!!

Jörn Dosch
MIQUIE HÖRSPIEL- u. FILMSTUDIO
Birkenweg 4
5431 Niederelbert

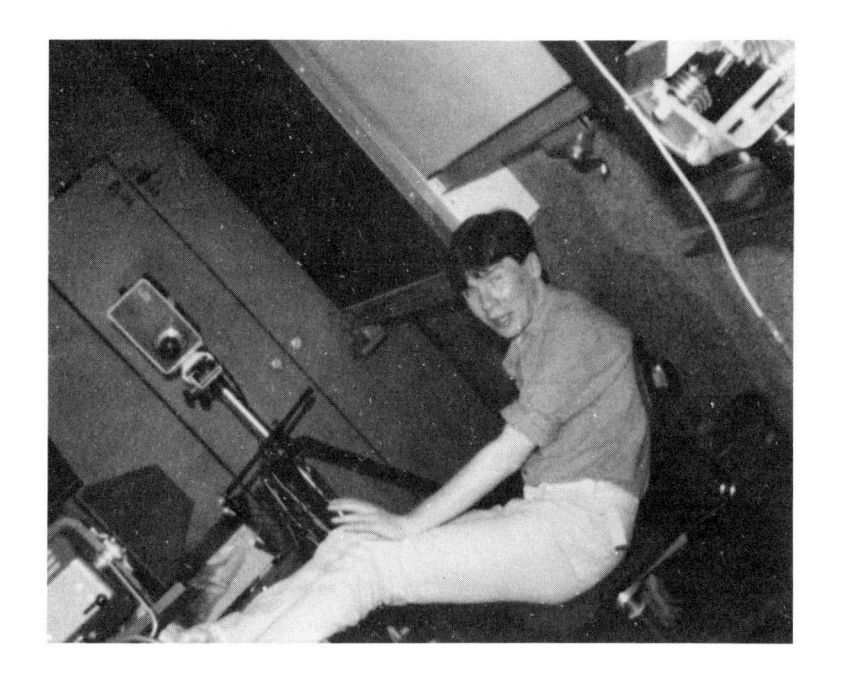

Film und Video – Zwischen Realität und Fiktion

Gewalt, Action, Beziehungen und Parodien

Tendenzen in der Schülerfilm-Szene

Burkhard Inhülsen

Mit den ersten drei bundesweiten Schülerfilmfestivals in Hannover wurde erstmalig der Umfang des Filmemachens bei Jugendlichen sichtbar. Die bisher über eintausend eingesandten Filme und die mitgelieferten oft seitenlangen Begleittexte haben eine Produktionswirklichkeit aufgezeigt, gekennzeichnet von Spontaneität, Improvisation, Abenteuerlust, Nachahmung und ungewöhnlichem Kostenaufwand: Schülerfilme sind einfallsreich, kritisch, frech und problembewußt.

Die meisten dieser Filme entstanden außerhalb von Schule und Unterricht in selbsternannten Produktionsgesellschaften (z.B. „Knüppel-Productions", „Mistbeth-Film", „Film Company Süd-Sibirien", „Black-Out-Filmteam", „Calamitas Bambule Production"), in locker zusammengesetzten Gruppen („wir trafen uns immer dann, wenn irgendeiner wieder eine neue Filmidee hatte") oder als Arbeit von Einzelgängern.

Die im Rahmen von Unterricht entstandenen Filme wurden vornehmlich in Kunst- und Deutschstunden oder in Film-Arbeitsgemeinschaften gemacht.

Der Aufwand an Zeit, Material und Geld ist bei den meisten Filmen schon abenteuerlich. Mit einem Kostenaufwand von 25 DM drehte Markus aus Osnabrück einen formal und inhaltlich beeindruckenden Animationsfilm von 2,5 Minuten Länge. Zeitaufwand: „Zwei Tage zeichnen, eine Stunde abfilmen, eine Nacht schneiden und vertonen.

Dazu das Warten auf den entwickelten Film" (Markus). Dagegen steht die James Bond Parodie („James Bond – Der Mann von Drüben") einer Abiturientengruppe aus Aalen: fast zwei Jahre Drehzeit, einem gewaltigen Aufwand für Casino-Szenen und Unterwasseraufnahmen sowie 7000 DM Produktionskosten, die durch Ferienarbeit der Beteiligten aufgebracht wurden.

Über 70 Akteure, drei eingesetzte Super-8-Kameras, zentnerweise Fressalien, Campingliegen und Luftmatratzen als Römersofas sind Aufwendungen für den Schülerfilm „Ein Krampf um Rom", der auf einem Schulsportplatz gedreht wurde.

Genauso einfallsreich sind auch die Finanzierungsmodelle für die Filmproduktionen, Taschengeld, Feriengeld und Zuschüsse von Eltern, Freunden und Verwandten bilden das Grundkapital. Anzeigenüberschüsse aus Schülerzeitungen und Spenden von Rektoren und Lehrern sind weitere Einnahmequellen, da tritt schon mal der Chemie-Lehrer als Co-Produzent auf.

Wenig ertragreich erweisen sich Einnahmen aus dem Verkauf von Eintrittskarten bei selbst organisierten Filmvorführungen, die meist in der Schulaula oder in Jugend-Freizeitheimen laufen. Die Herstellung von Öffentlichkeit für Super-8-Filme ist ohnehin für die meisten Filmemacher ein Problem. Die Vorführung bleibt oft auf Schule und Freundeskreis beschränkt. Der Zugang zu den professionellen Filmfestivals ist in vielen Fällen mit Super-8 und Video nur bedingt möglich. Dasselbe gilt für den Bereich Fernsehen, trotz der ausschnittweisen Ausstrahlung von Schülerfilmen im Bereich „Schulfernsehen" oder im Rahmen der Berichterstattung über das Schülerfilmfestival.

Möglichkeiten der Distribution über ein gut organisiertes Verleihsystem fehlen weitgehend. Andererseits lassen viele Filmemacher die Idee für eine Filmkopie aus Kostengründen fallen. Solange das Filmoriginal noch vorgeführt werden kann und eine attraktive Verleihorganisation nicht angeboten wird, gibt es für viele Schüler keine Gründe für eine Filmkopie.

Dabei ist Filmemachen für die meisten Jugendlichen mehr als ein Hobby: es ist weitgehend ernsthafte Filmarbeit mit oft hohen künstlerischen Ansprüchen, die Auseinandersetzung mit eigenen Bild- und Tonvorstellungen von realen und surrealen Dingen.

Es fällt schwer, Schülerfilme genremäßig einzuordnen, oft sind es Mischformen. Bei den Einsendungen zu den Festivals in Hannover wurden allerdings Schwerpunkte sichtbar. Zum einen waren es Filme, die mehr oder weniger dem Experimental- oder Trickfilmbereich angehören und Filme mit eher konventionell umgesetzten Handlungsabläufen, bei denen es um zwischenmenschliche Beziehungen und gesellschaftsbezogene Themen geht. Einen weiteren Schwerpunkt bilden die fast immer gelungenen Parodien und Nonsense-Produktionen.

Beeindruckend die vielen Filme, die das Gefühl von Betroffenheit vermitteln. Es sind die Auseinandersetzungen mit Beziehungen, Ängsten, Alpträumen und Fluchten:

– Im 120-Minuten-Film einer Northeimer Schülergruppe geht es um Abtreibung. Karin, Schülerin einer 12. Klasse, ist schwanger und stellt sich die Frage, ob es in dieser Zeit überhaupt zu verantworten ist, ein Kind zu bekommen.

- „Der rote Knopf", „Ein kleines Versehen" und „Atomblitz" sind nur einige von den Filmen, die den Ernstfall Atomkrieg vorwegnehmen.
- „Meine Deutsch-Lehrerin" ist der Bericht eines 17jährigen Schülers über seine in politische Schwierigkeiten geratene Lehrerin.
- „Deliverance" und „Warum schon so früh?" handeln von der plötzlichen Nachricht, Leukämie zu haben und vom Sterben.
- „Warum?" und „Suicide" sind Filme über die Selbstmorde von zwei Schülern.
- Eine Story über Alkoholismus und Entzug bei einem Schüler, über kaputtes Elternhaus, Geldklau, Beziehungen, Schule und Lehrstelle hat eine zehnte Hauptschulklasse aus Bonn in einem 45-Minuten-Film umgesetzt.

Horroreffekte wie im kommerziellen Kino

Erschrocken waren wir alle über das Ausmaß von Gewalt in den eingesandten Filmen. Entweder gegen die eigene Person gerichtet (Selbstmord) oder gegen andere: da wurde brutal geschlagen, gequält, gemordet und mit Laserstrahlen vernichtet. Es war oftmals der Versuch, die Gewalt in Kino- und Fernsehvorbildern noch zu übertreffen.

Hier fällt mir der Horrorfilm eines 18jährigen Gymnasiasten ein, der mit seinem Beitrag für Diskussionen sorgte. Der Filmemacher, ein Fan von John Carpenter-Filmen, konzentrierte sich bei der Herstellung seines Super-8-Films auf die Überzeugungskraft der angewandten Horroreffekte. Dafür nahm er Kontakt mit professionellen Effektspezialisten auf und ließ sich die benötigten Materialien wie Latex und Anilin besorgen. In der Filmhandlung geht es um das Mädchen Melanie, das von einer mysteriösen Kraft in Besitz genommen wird und eine Art „bösen Blick" bekommt. Diesem Blick fallen nacheinander die Schwester (schneidet sich in Großaufnahme die Pulsadern auf), deren Freund (sticht sich zuerst ein Auge heraus) und Melanies Vater (rast mit seinem Auto in eine Fußgängergruppe) zum Opfer.

Deutlich zeigt sich an diesem Beispiel (und an anderen) der Einfluß kommerziellen Kinos, bei dem es vor allem um Effekte geht. Und hierauf berief sich der Schüler immer wieder in den Diskussionen: „Warum werden Schüler, die solche Filme machen, ewig kritisiert, Gewalt sei nichts für Schülerfilme. In solche Filme wird immer gleich das Schlechteste hinein interpretiert. Warum sollen immer nur Problemfilme von Schülern gut sein? Kann man denn keinen zur reinen Unterhaltung dienenden Film machen, ohne gleich als schlechter Abgucker des kommerziellen Films zu gelten?" Die mehr oder weniger bewußte Orientierung an Kino- und Fernsehfilmen macht sich in vielen Filmproduktionen der Schülerfilmszene bemerkbar. Mit Vorliebe werden Science-Fiction, Western und Krimi-Vorbilder parodiert, oft ist es die Vorstufe bei der Suche nach einer eigenen Filmsprache.

Ein Hit unter den Parodien war auf dem vorletzten Festival der Film „Angriff der Riesengurken", der auf den Hollywoodfilm „Supermann" verweist: es ist die phantastische Geschichte von „Super 8" im Kampf gegen Professor Tobig und Lord Fasel um den einmaligen „Gurkomaten", mit dem riesige holländische Salatgurken auf die Erde geschleudert werden können ...

Überhaupt ist der eigene Filmkonsum zu Haus oder im Kino ein entscheidender Auslöser für eigene Filmarbeit.

„Ich möchte sagen, daß ich in einigen Punkten sehr vom Kino geprägt bin. Wenn ich auf irgendwelchen Wellen mitschwimme, wie z. B. Mitte bis Ende der 70er Jahre die Katastrophenfilme oder bis vor kurzem die Horrorfilme, habe ich das Verlangen, das Gesehene in einem eigenen Film zu verarbeiten ..."

In eineinhalb Jahren drehte eine Filmgruppe aus Hamburg eine Gangsterfilm-Parodie („Die Patenkinder"). Im Begleittext heißt es:

„Tatsächlich umfaßt der Film aber nicht nur die gängigen Klischees des Gangsterfilms, sondern er zitiert auch Elemente anderer Genres, so z. B. den Film-Thriller (Ermordungsszenen), den Horror-Film (Friedhofsszene), das Melodram (Liebesszenen), den Soft-Erotischen Film (á la Hamilton), den komischen Film (durch verschiedene Personen repräsentiert) und sogar den Western (zumindest in der Kameraführung imitiert).

Intention war es, zu versuchen, Teile des bei uns so bekannten und beliebten Hollywood-Kinos zu imitieren, d. h. zu zeigen, daß man dies auch mit Super-8 machen kann. (So z. B. Autoexplosion, Verfolgungsjagden, Hitchcock-Schnittechniken)."

Unübersehbar ist der Anteil jener Schülerfilme, in denen Science-Fiction und Träume auftauchen. Die Wahl der Fiktion und die Flucht in eine Traumwelt bedeutet für viele Filmemacher ein Kunstgriff, um persönliche Dinge darzustellen oder sich der konkreten Auseinandersetzung mit Geschehnissen aus dem Alltagsleben zu entziehen.
„Film ist für uns ein Mittel, das zu zeigen, was es gar nicht gibt, was man sich schwer vorstellen kann. Zum Beispiel einen Film über das Drogenproblem zu drehen, ist mehr oder weniger unsinnig. Um so etwas zu sehen, braucht man nur auf die Straße zu gehen. Oder eine Liebesgeschichte, die hat wohl jeder selber am eigenen Leibe erfahren. Viel interessanter ist die Vorstellung, was passieren würde, wenn jemand fähig wäre, das ganze Gehirn auszunutzen, was von uns heute lebenden Menschen keiner kann." (Norbert, 17 J.).
Sehr persönliche Filme werden oft behutsam angekündigt. Die Verarbeitung von Beziehungsproblemen in einer Clique ist Thema eines Films mit der Vorinformation: „alle gezeigten Szenen sind für sich echt, die Handlung wurde nicht erfunden. Das Ergebnis enthält sehr persönliches, so daß es uns fast schwer fällt, damit überhaupt vor Publikum zu gehen." Der sensible und mutige Spielfilm eines 15jährigen über Homosexualität enthält die schriftliche Anweisung: „Das Publikum darf vor der Vorführung nicht über die Handlung des Films in Kenntnis gesetzt werden."
Nicht nur die filmische Darstellung von persönlichen Beziehungen erfordert Mut, auch die Präsentation eines selbstgedrehten Films vor einem größeren Publikum. Hier wird vielen Filmemachern klar, welche Bedeutung die Atmosphäre eines Kinosaals, das große projezierte Bild für die Filmwirkung hat ...
Statistisch gesehen kam 65 Prozent aller nach Hannover eingereichten Filme von Schülern, die ein Gymnasium besuchen. Der Rest verteilte sich wie folgt: Realschule, Hauptschule und Berufsschule je 7 Prozent; die restlichen Prozente beziehen sich auf Fachschulen und sonstige Ausbildungsstätten.

Liebe Veranstalter!

Wir (Schüler, 17, 18, 18, 20) möchten uns für das im Januar stattfindende Schülerfilmfestival anmelden. Bitte schickt uns die für die Teilnahme erforderlichen Unterlagen.

Herzlichst
Stefan Johannes Christian Uli

Peter, Paule und Nena

Jugendliche im Kino und auf der Leinwand

Horst Schäfer

Das Kino lebt heute von seinen jugendlichen Zuschauern. Das Publikum ist im Verlauf der letzten Jahre immer jünger geworden: rund 80% der Kinobesucher sind zwischen 14 und 29 Jahre alt. Die Filmindustrie hat sich ganz auf diese Zielgruppe eingestellt und produziert für sie Musik- und Tanzfilme, Action- und Abenteuerfilme sowie Science-Fiction- und Fantasy-Filme; Genres, die bei Jugendlichen äußerst populär sind. Trendmacher sind die amerikanischen Filme oder solche, die ohne amerikanisches Geld nicht hätten gedreht werden können, wie beispielsweise „Die unendliche Geschichte". Mit der Lebenswirklichkeit der Jugendlichen und mit ihrer Situation in unserer Gesellschaft haben diese Filme nichts zu tun. Die meisten der augenblicklich erfolgreichen Jugendfilme gehen an der Realität vorbei. Sehr oft sind diese Filme nicht mehr als eine Vermischung der Musik-, der Platten- und der Showszene mit dem Ziel der Vermarktung bekannter Stars und Gruppen innerhalb einer dürftigen Rahmenhandlung.

Filme, die für jugendliche Zuschauer produziert werden und bei ihnen gut ankommen, werden „Jugendfilme" genannt. Man kann mit diesem Begriff aber auch anders umgehen und ihn nur für solche Filme verwenden, in denen Jugendliche im Mittelpunkt der Handlung stehen oder das Thema des Films in einem bestimmten Bezug zu aktuellen Erscheinungen der Jugendkultur steht. Wenn im folgenden das Wort „Jugendfilm" benutzt wird, so sind damit die Filme gemeint, die parteilich auf der Seite der Jugendlichen stehen und ihren Problemen Lösungen oder Lösungsansätze anbieten. Jugendliche, die sich mit solchen Filmen beschäftigten, haben ihre Ansprüche und Erwartungen folgendermaßen formuliert: der Film muß ihnen eine Identifikationsmöglichkeit geben (eine Figur oder eine Situation beispielsweise), er muß glaubwürdig sein, indem er Stellung bezieht, und er muß einen Bezug zur Realität haben. Solche Filme hat es in der Bundesrepublik einmal in ausreichendem Maße gegeben. Ganz früher war das anders, und heute ist es schon wieder so wie in den 50er Jahren.

Kommerzielle Ausbeutung

"Wenn die Conny mit dem Peter" aus dem Jahre 1958 (Regie: Fritz Umgelter) ist eine für die damalige Zeit typische Produktion, mit der Jugendliche in die Kinos gelockt wurden. Der Film war noch das führende Massenkommunikationsmittel, denn das Fernsehen steckte in den Kinderschuhen, und im Gegensatz zu heute war das Radio ein Medium, das mehr von den Erwachsenen, als von den Jugendlichen genutzt wurde. Es gab aber einige Sendungen, die bei Jugendlichen sehr beliebt waren. „Musik aus Studio B" von Chris Howland beispielsweise stellte die aktuellen Rock'n'Roll-Scheiben aus England und den USA vor. Elvis Presley und Bill Haley waren die ausgesprochenen Kultfiguren jener Generation, die sehr stark von der amerikanischen Kultur und Lebensweise geprägt wurde. Dazu trugen die US-Filme, die damals nach Deutschland kamen, in erheblichem Maße bei. Bill Haleys „Rock Around The Clock" war die Themen-Musik zu dem Halbstarken-Melodram „Die Saat der Gewalt" (USA 1955, Regie: Richard Brooks), in dem Schul- und Schülerprobleme realistisch und packend dargestellt wurden. Dieser Titel wurde eine Art „Marseillaise der Teenager-Revolution"; er wurde ein Jahr später für einen Musikfilm mit Bill Haley und den COMETS benutzt („Außer Rand und Band" USA 1956, Regie: Fred F. Sears) und setzte angestaute Aggressionen frei: Jugendliche zertrümmerten die Kinos, demolierten Autos und schlugen um sich. Es war die Zeit der „Halbstarken-Krawalle", die erste unruhige gesellschaftliche Situation der noch jungen Bundesrepublik Deutschland.

Die Mehrzahl der amerikanischen Filme, die in diesen Jahren auf unseren Markt kamen, standen nicht auf der Seite der Jugendlichen, sondern beuteten sie kommerziell aus. Die Musikfilme dienten beispielsweise dem Zweck, den Verkauf der Platten anzuheizen und die umsatzträchtigen Übersee-Konzerte der Stars vorzubereiten. Da die deutsche Unterhaltungsindustrie – die Film- und die Musikbranche – ebenfalls von diesem Geschäft profitieren wollte, entstanden schnell eigene Filme, die in Inhalt, Tendenz und Aufmachung den amerikanischen Vorbildern entsprachen. „Die Halbstarken" von Georg Tressler, 1956, ist einer von diesen Nachahmungs-Filmen. Anders als in dem Film von Brooks wird hier aber eine Jugendbewegung diskriminiert und muß als Kulisse für eine dürftige Kriminalgeschichte herhalten.

Die 50er Jahre, die „Ära Adenauer", waren auch die Blütezeit des deutschen Kinos und der deutschen Filmindustrie. Die Filme waren nicht ausschließlich von wirtschaftlicher Bedeutung, sondern sie hatten auch eine gesellschaftspolitische Funktion: die Heimatfilme mit ihrer Betonung von deutscher Tradition und alten Werten, sowie die vielen Ärzte-, Pfarrer- und Gelehrtenfilme, die den Glauben an das Vertrauen zur Autorität stärken sollten. Und so ist es auch verständlich, daß mit den deutschen Filmen dieser Zeit auch eine bestimmte Moral verbunden war, die die Jugendlichen zwar mit reißerischen Aufmachern in die Kinos lockte, wo ihnen dann aber Filme mit erzieherischem Charakter gezeigt wurden, die den pädagogischen Vorstellungen der Altväter der Filmbranche entsprachen. „Deutschlands erster Teenager-Musikfilm" (so die Werbung) war „Wenn die Conny mit dem Peter" mit Conny Froboes und dem deutschen Rock'n'Roll-Verschnitt Peter Kraus. Die Handlung spielt in einem Landschulheim, das eine Schar jazzmusikbegeisterter Schüler und Schülerinnen beherbergt, die zwar etwas frech und aufmüpfig sind, aber keineswegs „außer Rand und Band" geraten.

Authentische Filme

„Paule Pauländer" entstand zwanzig Jahre später (Regie: Reinhard Hauff) und erzählt die Geschichte des 15jährigen Bauernsohns Paule. Es ist ein Film über die Chancenlosigkeit der Landjugend, über die gewandelten Produktions- und Marktverhältnisse der Landwirtschaft und die daraus resultierende Abhängigkeit der Bauern von Banken und Konsortien. Jugendfilme dieser Art, die die Jugendlichen und ihre Probleme ernst nehmen, kamen erst mit der Entwicklung des jungen deutschen Films, der „Opas Kino" totgesagt und abgelöst hatte. Losgelöst von den Engen und Zwängen der Altherren-Branche konnten junge Filmemacher an Stoffe herangehen, die teilweise mit ihnen selbst noch etwas zu tun hatten. In diesen Filmen, zum Beispiel in denen der Regisseure Hark Bohm („Nordsee ist Mordsee", „Moritz, lieber Moritz"), Rüdiger Nüchtern („Anschi und Michael", „Schluchtenflitzer") und Uwe Frießner („Das Ende

des Regenbogens"), stehen Jugendliche im Mittelpunkt der Handlung, die ein zeitbezogenes – also auch ungefähr zur Zeit des Produktionsjahres spielendes – Thema aufgreift. Die Filme wirkten sehr authentisch, da sie sehr gut recherchiert waren und in direkter Zusammenarbeit mit den Jugendlichen entstanden. Ohne auf den Unterhaltungswert von Kino-Geschichten zu verzichten, setzten sie sich mit der gesellschaftlichen Realität und den Erfahrungen Jugendlicher auseinander und nahmen sich ihrer Probleme an. Diese Jugendfilme waren auch Kinofilme, nicht das Extrakt medien- oder bewahrpädagogischer Reißbrettarbeit und wurden von den Jugendlichen angenommen. Nicht alle, aber viele hatten kommerziellen Erfolg und fanden darüber hinaus auch in der nichtgewerblichen Filmarbeit, in den Filmclubs, Spielstellen und kommunalen Kinos eine starke Resonanz. Schade nur, daß diese erfreuliche Entwicklung Anfang der 80er Jahre schon wieder abbrach und Jugendfilme dieser Qualität heute mehr die Ausnahme als die Regel sind.

Rückgriff auf alte „Erfolgsrezepte"

„Nena", Star der neuen deutschen Musikwelle, stellt im Jugendfilm von Heute („Gib Gas – ich will Spaß", 1982, Regie: Wolfgang Büld) den Anschluß an die Filme aus den 50er Jahren her. Bekannte Namen der Musikszene, Gruppen und/oder Hits werden vermarktet und sollen die Fans in die Kinos treiben. Oft geht diese Spekulation auf, aber nicht immer sind die Jugendlichen so dumm, daß sie jeden Mist akzeptieren. Der Versuch, mit „Trio" die deutsche Filmkomödie zu beleben („Drei gegen Drei", 1985, Regie: Dominik Graf) ging gründlich daneben. Das beste Beispiel für den Jugendfilm-Trend Mitte der 80er Jahre ist „Der Formel-Eins Film" (1985, Regie: Wolfgang Büld), der folgendermaßen angekündigt wurde: „Bei dem Film handelt es sich um einen nicht ganz ernstzunehmenden Blick hinter die Kulissen der zur Zeit populärsten Musiksendung der ARD-Anstalten. Im Mittelpunkt der Handlung steht Tina, eine junge Automechanikerin, die mit Hilfe von „Formel Eins" als Popstar Karriere machen will, zunächst jedoch nur Stevie, einen etwas tollpatschigen Hilfsbeleuchter für sich begeistern kann. Natür-

lich bekommen beide, was sie sich erhofft haben. Doch bis dahin parodiert der Film die Moden und Macken der Musikszene, unterstützt von international bekannten Rockstars."
Grundmuster der Story und Aufbereitung des Star-Materials erinnert in fataler Weise an die Schlagerfilme mit Conny und Peter und besonders an das Erfolgsrezept des deutschen Unterhaltungsfilms Ende der 30er Jahre. Denn gab es schon einen solchen Star-Film: „Es leuchten die Sterne" (1938, Buch und Regie: Hans H. Zerlett). Ein Mädchen, das aus der Provinz nach Berlin kommt, um dort beim Film Karriere zu machen, heiratet am Ende den Oberbeleuchter. Diese ziemlich belanglose Rahmenhandlung wird beliebig oft unterbrochen, um über 30 Stars des Films, der Bühne und des Sports zu präsentieren. „Formel Eins" gibt sich da zeitgemäßer, kann aber seine Tradition nicht verleugnen. Aus der Sekretärin Mathilde wird die Automechanikerin Tina und anstelle von Luis Trenker, Hans Moser, Theo Lingen und Max Schmeling treten Pia Zadora, Meat Loaf, Falco, Limahl und die „Toten Hosen" auf.
Der neue deutsche Jugendfilm kehrt also zu den Werten und Formen von Opas Kino zurück. Jugendliche, die diesen Rückschritt nicht mitmachen wollen, sind gut beraten, das Medium „Film" in die eigenen Hände zu nehmen. Die vielen erfolgreichen Eigenproduktionen von Jugendlichen – von denen an anderer Stelle dieses Buches die Rede ist – beweisen, daß es auch ohne Millionenetats und Riesenstudios geht. Die Generation der „Jugendfilm"-Regisseure der 70er Jahre ist in die Väter-Rolle gekommen und hat sich schon allein rein altersmäßig zu weit von den Jugendlichen entfernt. Die freien Plätze sind noch nicht besetzt.

●

Filmästhetik: Überlegungen, Einfälle, Notizen

Erwin Schaar

„Das ist mir zur ästhetisch", oder „Er ist halt ein Ästhet" oder „Ästetisch ist der Film ganz gut, aber inhaltlich kommt nichts rüber". Solche Äußerungen sind in der Umgangssprache alltäglich, beruhen aber auf einer unklaren Definition des Begriffs „Ästhetik".

Ohne hier in eine gelehrte Abhandlung über Entstehung und Entwicklung der ästhetischen Wissenschaft zu verfallen, soll zur Klärung doch darauf hingewiesen werden, daß im 18. Jahrhundert die Philosophie die neue Wissenschaft „Ästhetik" begründete, um die Künste wie die Dichtung, Bildhauerei, Malerei, Musik und Architektur mit ihrem Anspruch auf Wahrheit als Problematik reflektierbar und erforschbar zu machen. Der Ästhet ist eigentlich ein „Wahrnehmender", also müßte der Begriff „Ästhetik" für das Wissen um das Wahrnehmen, für die Lehre des Wesens und der Form von dem, was uns in Natur und Kunst begegnet, angewendet werden. Daß Geschmacksurteile dann auch aus diesem Wissensfundus erklärt werden können, hängt mit dem doch sehr umfassenden Anspruch dieser Wissenschaft „Ästhetik" zusammen. Für unser Anliegen soll das bedeuten, daß wir von Filmästhetik sprechen, wenn wir die filmische Gestaltung von Inhalten ansprechen, um uns über das Wahrgenommene bei den Zusachauern unterhalten zu können. Um herauszufinden, warum ein Regisseur so und nicht anders seinen Film gedreht hat, ein Zuschauer so und nicht anders den Film gesehen hat. Ein Produkt, das also eine Mitteilung an einen anderen in eine bestimmte Form bringt, hat auf jeden Fall eine ästhetische Konzeption, die auch häßlich sein kann. Nicht umsonst spricht man auch von einer „Ästhetik des Häßlichen". Die Film- oder Videokamera kann sich – als „Verlängerung" des Regisseurs – die Inszenierungen schaffen, die für die Vorlagen geeignet erscheinen. Wenn eben der Filmemacher glaubt, eine Rockband so filmen zu müssen, daß kein Schwenk, kein Schritt die Musikdarstellung unterbricht oder von ihr ablenkt, dann hat er eine ästhetische Gestaltung gewählt, die eventuell die Zuschauer des Films schlecht finden, weil für sie der Rhythmus der Musik gerade eine bewegte Kamera, einen schnittreichen Film gefordert hätte. Sie wollten den Lead-Gitarristen in Großaufnahmen sehen, einen Blick aus der Vogelperspektive von schräg hinten auf den Schlagzeuger werfen, die Sängerin mit dem Kameraauge „abtasten". Nicht aus der Halbtotale starr und steif die ganze Band über 20 Minuten im Bild haben. Da konnten sich die Musiker noch so bemühen, die Gestaltung der musikalischen „Vorlage" löste bei den Zuschauern Langeweile aus. Die meisten Videoclips sind das Ergebnis der temperamentvollen „Sichtweise" von Musik. Und die starre Einstellung als Film war eine ästhetischtheoretische Forderung (mit konkreten Ergebnissen) der Studenten der Münchener Filmhochschule Anfang der 70er Jahre, als die Ästhetik den radikalen politisch-moralischen Ansprüchen der damals jungen Generation entsprach.

Das heißt, die Ästhetik z. B. des Films ist nicht festgeschrieben in Lehrbüchern mit Kodex und Gebrauchsanweisung, aus der sich der junge Film- und Videokünstler oder -macher bedienen kann, um ein Produkt für x-beliebige Zuschauer zu verfertigen.

Ästhetik ist nicht in der Zeit fixiert, wandelt sich mit ihr, kann vorauseilend Neues an Sehweisen kreieren – wie es der experimentelle Film in den 20er Jahren versuchte, oder das New American Cinema in den 60er Jahren – oder einer reaktionären Ideologie verbunden sein, die aus festgefügten Werten oder menschenverachtenden Imperativen zusammengekleistert ist, wie das die faschistische Idee des Dritten Reiches war, das seine eigene „Filmkunst" hervorbrachte. Darin verkörperten Menschen ihren Wert in Gestalt durch ihre staatserhaltenden Normen oder durch ihre Brauchbarkeit für ornamentalen Staatskult, wenn man an die Filme einer Leni Riefenstahl über die Olympiade 1936 oder die Parteitage der Nationalsozialisten denkt. Diese Filme berichteten über die Handlungen von Menschen so, daß diese nur im Zusammenhang mit der Inszenierung der politischen Idee von Interesse waren. Bilder von Aufmärschen, von riesigen ornamental gruppierten Menschenmassen sollten den Faschismus als Weihefestspiel in die Köpfe der Menschen dringen lassen. Wobei das Individuum – soweit es nicht den Führungsrängen des Staatsapparats angehörte – nur als Mosaiksteinchen des Gesamten von Bedeutung war.

Dieses Beispiel verdeutlicht, wie schnell Überlegungen zur Filmästhetik in Überlegungen zur gesellschaftlichen Funktion des Films einmünden können. Film ist ein Medium, das aus seiner Umwelt heraus verstanden werden muß. So gesehen muß Filmästhetik als ein Nachdenken über menschliches Gestalten auch zum Nachdenken über menschliches Leben und Handeln werden. Philosophisch Interessierte können versuchen, damit eine gedankliche Verbindung zu Platons Ansichten über die Kunst, die dieser als Nachahmung in Frage stellte, zu finden.

Aber genug damit, zurück zur Ästhetik des Films und dessen Voraussetzungen, darüber zu reflektieren.

Die historische Dimension des Films ist dabei ebenso zu beachten wie das dramaturgische Regelwerk.
Die Geburtsstunde des Films wird nach allgemeiner Übereinkunft auf die erste Vorführung des Kinematographen der Brüder Auguste und Louis Lumière 1895 in Paris festgelegt. Das darf allerdings nicht zu der Annahme verführen, daß an einem zeitlichen Fixpunkt ein völlig neues Medium geschaffen worden wäre. Die Geschichte der Abbildtechniken steht in größerem Zusammenhang: von der Malerei in früheren Jahrhunderten über die Entwicklung der Illustration, der Fotografie, der Vorformen optischer Bewegungsdarstellungen in Panoramen und Dioramen, der Bewegungsaufnahmen von Eadweard Muybridge und Étienne-Jules Marey bis zum Film. Und davon dürfen die jeweiligen ökonomischen Voraussetzungen nicht getrennt werden, um die in die gesellschaftlichen Bedingungen eingebundenen Entwicklungen auch als zeitgebunden zu erkennen. Filmgeschichte wird auch immer noch mit der Trennung von Dokumentation und fiktiven Formen des Films vermittelt, was zu Mißverständnissen über den Washrheitsgehalt von Filmbildern führen kann. Gilt Lumière als Begründer des Dokumentarfilms, weil er vor allem Reportagen aus aller Welt auf den Markt brachte, so wurde ein Méliès zum Begründer des Spielfilms, da er sich mit dem Trickfilm und seinen Möglichkeiten, „erfundene" Geschichten zu erzählen, beschäftigte.

Dokumentation menschlichen Verhaltens

Man sollte darüber nachdenken, ob nicht auch in der inszenierten Handlung durch das Moment der Bewegung, die der Theoretiker Rudolf Arnheim „eine der grundlegenden Eigenarten des Films" nannte, eine Dokumentation menschlichen Verhaltens stattfindet. Und nicht wenige Dokumentarfilmer haben sich zur nachgestellten Inszenierung schon stattgefundener Ereignisse bekannt.
Der Film wollte „Wirklichkeitsbilder" (Arnheim) schaffen, was in der visuellen Kunst schon immer ein Anliegen war, wenn wir an die Effekte der trompe-l'oeil-Malerei (Augentäuschung) denken, an die Abbildungen in der Fotografie. Durch die Möglichkeit der Bewe-

Draufhalten allein bringt's nicht! Gestaltungsmöglichkeiten:

Detail	Groß
Nah	Halbnah
Amerikanisch	Halbtotal
Total	Weit

Aus: Massenmedium Fernsehen. Mit Medien über Medien lernen, Block Produktion (von der Projektgruppe Mediencurriculum am Institut Jugend Film Fernsehen) Leske + Budrich Verlag, Opladen 1986

gung, die die Identifikation mit dem Lebendigen steigerte, durch die Erfindung des Tonfilms, die Entwicklung des Farbfilms brachten die filmischen Abbildverfahren eine wahre Revolution in der visuellen Wahrnehmung – und in unserem Bild von der Welt.

Die spezielle emotionale Wirkung des bewegten Filmbildes liegt vor allem in den dafür entwickelten Gestaltungsmitteln. Sucht man für die Mitteilungsform des Films eine in der Sprache vergleichbare Einheit, könnte man sagen, daß das „Wort" der „Einstellung" im Film entspricht. Die Einstellung ist die kleinste Einheit im Film. Sie ist das ohne Unterbrechung gefilmte Bild. Aus diesen Einheiten werden die Szenen und Sequenzen montiert. Wie wir mit unseren Augen verschiedene Ausschnitte aus dem Geschehen herausgreifen, versucht die Kamera der Realität gegenüber verschiedene Entfernungen einzunehmen und mit den Bildern Bedeutung zu vermitteln, indem sie den Stellenwert einer Person, eines Gegenstandes im Bild mit dieser Entfernung darstellt. Es ist aber nicht möglich, die verschiedenen Einstellungen eindeutig mit Bedeutungen zu identifizieren, weil erst im Zusammenhang der Bilder die Bedeutung erschlossen werden kann. Wie eben auch die Wörter ihre wahre Bedeutung erst im ganzen Satz erkennen lassen. Daher sind die Definitionen der Einstellungsarten immer mit einer gewissen Distanz zu behandeln: Die „Totale" kann in den Ort des Geschehens einführen, wenn sie einen Überblick über einen Raum, eine Landschaft, über Personengruppen gibt. Ihre Wirkung ist häufig nicht dramatisch. Die „Halbtotale" ist vor allem zur Annäherung an den Ort des Geschehens gedacht. „Halbnah" ist an einer menschlichen Person definiert, die von der Kamera bildfüllend erfaßt wird. Zwischen die Halbnah- und die Naheinstellung hat sich die „Amerikanische" geschoben, die vor allem in Actionfilmen verwendet wird, weil sie die menschliche Figur ungefähr bis Kniehöhe zeigt und somit für aktionsgeladene Handlungen besonders gut geeignet ist. „Nah" umfaßt, auf den Menschen bezogen, die Person bis zur Gürtellinie. „Großaufnahmen" sollen bei ihrer ersten Anwendung Schrecken hervorgerufen haben, weil ein abgeschnittener Kopf – so wird der Bildausschnitt festgelegt – der noch „natürlichen" Sehweise zuwiderlief. Ein noch kleinerer Ausschnitt wird „Detail" genannt.

Das Zusammenfügen der verschiedenen Einstellungen, der „Schnitt", macht den Film zu einem Ganzen. Um Geschichten zu erzählen, Sachverhalte deutlich werden zu lassen, den Zuschauer an das Geschehen zu binden, um ihn zu überzeugen, wurden verschiedene Möglichkeiten der Aneinanderreihung von Bildern entwickelt, die man als dramaturgische Gestaltungsmittel „Montage" nennt. Man kennt, vereinfacht gesagt, erzählende Montageformen, die eine

Geschichte in einer Einheit von Raum und Zeit aufbereiten, oder die Montageform für abstrakte Beziehungen, die mit Bildern auf ein Geschehen verweisen, das mehr als eine konkrete Geschichte ist.
Weitere wichtige Gestaltungsmittel sind die Bewegung der Kamera, die Beleuchtung, das Dekor. Als akustische Gestaltungsmittel gelten die Sprache, Musik und Geräusche.
Das waren ein paar Hinweise, ein paar Gedanken, um sich mit Fragen der Filmästhetik zu beschäftigen. Möge zum Abschluß eine Anekdote aus der Welt des Theaters der Reflexion über Film und Wirklichkeit auf die Sprünge helfen: Im antiken kaiserlichen Rom war über 200 Jahre lang das meistgespielte Stück ein Drama von Catull, über die Helden- und Untaten des Räubers Laureolus. Jeweils in letzter Minute wurde der Darsteller des Laureolus gegen einen zum Tode Verurteilten vertauscht, dem man dann auf offener Bühne den Kopf abschlug.

●

Die 8mm-Filmszene – Impuls für eine unabhängige Filmkultur

Reinhard W. Wolf

Schon Anfang der siebziger Jahre, kurz nach der Einführung des Super-8-Formats, wurde theoretisch erkannt, daß die technisch-materiellen und finanziellen Voraussetzungen für filmkulturelle Autonomie beim „Kino für Jedermann" wie bei keinem anderen Medium gegeben sind. Nachdem bald jeder fünfte deutsche Haushalt im Besitz einer Filmkamera war, ergriffen Jugendliche die Initaitve und begannen mit den Kameras ihrer Väter Filme über eigene Themen zu produzieren. Es entstanden kleine Filmgruppen und Organisationen. Erste Festivals nur für Jugendliche wurden organisiert. Die Filmarbeit begleitete dann in den siebziger Jahren die neuen Jugendbewegungen sowohl inhaltlich wie ästhetisch. In den achtziger Jahren entwickelte sich schließlich in den Großstädten eine neue Filmkultur, die zunächst unhistorisch, bald aber bewußt im Rückgriff auf abgebrochene Tendenzen des deutschen Stumm- und

Experimentalfilms eine eigenständige Ästhetik hervorbrachte. Den filmisch-formalen Ansprüchen des puristischen Dokumentarfilms und des klassischen dialog-fixierten Erzählkinos verweigerte sich diese Filmkultur.
Die Träger dieser neuen Strömung waren meist schon in anderen kulturellen Bereichen, vor allem in der Musik und der Malerei, aktiv. Diese vielfältigen Erfahrungen und der zwanglose Umgang mit allen zur Verfügung stehenden Medien beeinflußte auch die Gestalt der Filme, die häufig in den Grenzbereichen verschiedener Künste entstanden. Obwohl selbst nicht hoffähig, reichten die Einflüsse dieser neuen Filmemachergeneration mit entsprechenden Zeitverzögerungen weit in den „offiziellen" und „industriellen" Film hinein.
Auch in der Präsentationsform werden heute die Grenzen des Mediums Film überschritten. Entsprechend konzipierte Filme werden nicht mehr länger als isoliertes Einzelergebnis vorgeführt, sondern in musikalische, bildnerische und darstellende Performances und Aktionen eingebettet. Daß solche Präsentationsformen auch andere Filmvorführstätten erfordern oder erst ermöglichen, ist klar. Proberäume von Musikern, Ateliers und Galereien werden dem ohnehin unerreichbaren Kinosaal mit seiner unflexiblen Bestuhlung vorgezogen. Zwar gab es auch Versuche, spezielle 8mm-Kinos einzurichten, doch konnten sich diese Projekte langfristig nicht etablieren. In einigen Großstädten entstehen jedoch Programmkinos neuer Art, die z. T. in aufgegebenen alten Kinos oder in leerstehenden Industriehallen den 8mm-Film in ihre übrige Filmarbeit miteinbeziehen. Viele dieser off-off-Kinos – für das Berliner Kino „Eiszeit" wurde kürzlich der Begriff „Etagenkino" geprägt – werden von Kollektiven getragen, die auch selbst Filme produzieren. In den mittleren Städten existieren allerdings nur wenige permanente Spielstellen für den 8mm-Film. Dennoch gibt es auch dort und auf dem Land 8mm-Filmszenen, die untereinander in Kontakt stehen. So hat sich eine kleine, kaum überschaubare Infrastruktur entwickelt, die trotz häufigen Anschriftenwechsels ihrer Akteure durch persönliche Kontakte bundesweit funktioniert.
Die besten Adressen sind meistens die Veranstalter der regelmäßigen, jährlichen 8mm-Filmfestivals. Allein im Jahr 1985 wurden in der Bundesrepublik und Berlin etwa fünfzehn überregionale 8mm-Filmfestivals veranstaltet. Dem Format und der Szene entsprechend sind

dies keine Festivals mit Messecharakter oder Filmfestivals im herkömmlichen Sinn. Der Begriff „Festival" wird von der 8mm-Filmszene recht inflationär gebraucht und bezeichnet meistens Filmsonderveranstaltungen in einem außergewöhnlichen Rahmen, die nicht nur als Treffpunkte der Filmemacher dienen, sondern auch für das lokale Publikum organisiert werden. Für viele Filmemacher sind diese Festivals die wichtigsten öffentlichen Vorführmöglichkeiten für ihre Filme.

Schwerer ausfindig zu machen sind die – im doppelten Wortsinn – unzähligen kleinen Spielstellen, improvisierten Kinos, Kneipen mit Kulturprogramm, Kommunikations- und Kulturzentren mit Kinoausrüstungen, aber auch die Kunsthallen oder kommunalen Kinos, die das Super-8-Format akzeptieren. Um diesen Bereich besser zu erschließen, müßten dringend Recherchen angestellt werden. Die effektive Vermittlung zwischen interessierten Zuschauern und interessanten Filmen ist das schwächste Glied in der dezentralen unabhängigen Filmkultur.

Die 8mm-Film-Produktion

„Super-8" ist das preisgünstigste aller Filmformate. Dies gilt nicht nur für das Aufnahmematerial, sondern auch für die Aufnahme- und Bearbeitungsgeräte. Es ist auch zur Zeit noch deutlich billiger als das einfachste Video-Amateur-System. Allerdings ist „Super-8" kein Allround-Format für alle Anwendungsbereiche. Es kann nicht als billiger Ersatz für professionelle Formate bei herkömmlichen Filmproduktionen eingesetzt werden. Obwohl die Industrie und spezialisierte Fachwerkstätten fast alle professionell bekannten Geräte quasi in Miniaturausgabe anbieten, gibt es für manche professionelle Anwendungsbereiche unüberwindliche technische Grenzen. Einige der angebotenen Zusatzgeräte werden nicht in Serie hergestellt und sind daher technisch nicht voll ausgereift. Vor größeren Anschaffungen, die häufig auch Systemfragen beinhalten, sollte man sich von erfahrenen 8mm-Filmemachern beraten lassen. Wer einen klassischen Erzählfilm mit Schauspielern und großem Mitarbeiterstab realisieren will, sollte im Zweifelsfall lieber auf eine ausgeliehene 16mm-Ausrüstung zurückgreifen.

STARS AND STRIPES

Ein Film von Stephan Schindler

Der Super-8-Film ist hingegen ein ideales Format zum Experimentieren, zum Sammeln filmischer Erfahrungen und zur Realisierung von Kurzfilmen.
Wegen der niedrigen Materialkosten eignet sich das Format für alle erdenklichen Experimente mit Kamera und Film. Mit den technischen Möglichkeiten der Super-8-Kamera kann ohnehin kein anderes Kameraformat mithalten. Was bei anderen Formaten erst im Nachhinein durch aufwenige Kopiertricks möglich ist, oder bei Video erst durch teure Computerprogramme, kann mit Super-8 bereits in der Kamera erreicht werden. Die Größe der Kamera und ihre Handlichkeit erlaubt außerdem das Filmen in Aufnahmesituationen in denen andere Formate wegen ihrer Unbeweglichkeit oder Auffälligkeit scheitern. Eine billige Kamera – vielleicht vom Flohmarkt – kann man im Zweifelsfall auch einmal für einen besonderen Einfall opfern (z. B. für den freien Fall).
Bei der Filmbearbeitung, insbesondere beim Schnitt, bietet das Super-8-Format alle Vorteile des klassischen Zelluloids. Im Prinzip kann Bild für Bild mit der Schere und der Lupe geschnitten werden. Das heißt auch, daß man sich mit diesem Format alle filmgestalterischen Möglichkeiten der Montage ohne großen Aufwand realisieren lassen.
Für die synchrone Tonaufnahme eignen sich schon kleine synchron gesteuerte Kassettenrecorder im Walkman-Format. Viele 8mm-Filmemacher vertonen aber auch mit Erfolg nach dem Schnitt direkt auf ihrem Projektor. Für aufwendigere Ton-Bild-Arbeiten gibt es Perfobandgeräte und Schneidetische, mit deren Hilfe Film- und Tonband parallel geschnitten werden können.

Der 8mm-Film-Vertrieb

Das Super-8-Format ist weltweit normiert, d. h. 8mm-Filme können überall wo ein Projektor vorhanden ist, vorgeführt werden. Im Prinzip genügt für die Vorführung ein Heimprojektor und eine weiße Wand.
Wer aber mit seinen Filmen ein größeres Publikum ansprechen will, kann sich damit nicht begnügen. Der Aufwand sollte jedoch in angemessener Relation zur Qualität des Films stehen. Dabei ist

Qualität hier nicht als objektiver Maßstab zu verstehen, sondern als eine Übereinstimmung zwischen dem Anspruch des Filmemachers, der Art des Films, den Erwartungen des angesprochenen Zuschauerkreises und der Vorführsituation. Ein 8mm-Film kann in Ausnahmefällen bei entsprechender technischer und ästhetischer Qualität auch vor einem „normalen" Kinopublikum erfolgreich laufen. Ein anderer Film hat vielleicht nur Chancen in einer Fabriketage vor Zuschauern aus der Szene. Ein Schülerfilm findet vielleicht nur bei seinen Mitschülern Aufmerksamkeit. Ein anderer Film wird erfolgreich von Festival zu Festival gereicht. Falls jedoch die Qualität eines Films ein größeres Publikum verdient, empfiehlt es sich, eine Kopie des Originals anfertigen zu lassen, da der Film nach 20–30 Vorführungen, manchmal aber auch schon nach der Ersten, zerschlissen sein kann. Es gibt in der Bundesrepublik und Berlin knapp 10 Firmen, die 8mm-Filme kopieren. Da die Qualitäts- und Preisunterschiede sehr erheblich sind, lohnen sich auf jeden Fall Erkundigungen bei anderen Filmemachern über deren Erfahrungen. Leider gibt es kein 8mm-Negativ-Material, sondern nur das Umkehrmaterial, das, weil es wiederum auf Umkehrmaterial kopiert werden muß, zu harten Kontrasten und Qualitätseinbußen in der Schärfe und Farbtreue führt. Viele Kopiermängel liegen aber in der Verantwortung des Filmemachers. Die häufigsten Ursachen sind unscharfe Aufnahmen, Unter- oder Überbelichtungen, unsaubere Klebestellen oder eine schlechte Kameraoptik.

Man kann den 8mm-Film natürlich auch auf Video transferieren. Mit dem sogenannten „Flying-Spot-Abtaster" lassen sich Ergebnisse erzielen, die ohne Schwierigkeiten mit VHS- oder sogar U-matic-Videoaufnahmen konkurrieren können. Nimmt man entsprechende Qualitätseinbußen in Kauf, kann man den Film aber auch von der Leinwand videographieren. Diese Aufnahmen reichen meist aus, um Filme potentiellen Spielstellen oder Festivals zur Sichtung anzubieten. Eine Vertriebserleichterung erreicht man aber mit einem Videoband als Vorführträger kaum, da es nur wenige öffentliche Vorführmöglichkeiten für Video gibt.
Auf den momentan bestehenden Vertriebswegen zwischen Heimkino und großem Kino sind solche 8mm-Filme am erfolgreichsten, die sich radikal auf die Möglichkeiten innerhalb der technischen

Grenzen des Formats und die spezifischen Vorteile gegenüber anderen Formaten beschränken. Umgekehrt sind besonders aussichtslose 8mm-Produktionen meist Filme, die versuchen den „großen Film" auf der Ebene seiner Erzählweisen und Dramaturgie in abendfüllender Länge zu imitieren. Die besten Chancen einer größeren Verbreitung haben Kurzfilme, die in ihrer ästhetischen wie inhaltlichen Gestaltung authentischen Charakter haben, d. h. künstlerisch angemessen direkte Erfahrungen ihres Autors und seiner Lebenswelt überzeugend vermitteln.

Der erste Schritt an die Öffentlichkeit sollte eine Vorführung im eigenen sozialen Umfeld sein. Je nachdem in welchem Zusammenhang der Film entstanden ist, bieten sich verschiedene Möglichkeiten an: in der Schule, in der Szene-Kneipe oder in einem Kultur- und Kommunikationszentrum. Am erfolgreichsten sind Veranstaltungen, die Ereignischarakter haben, was bedeutet, daß die Filmvorführung um weitere Programmpunkte und Aktionen erweitert wird. Wer dabei ein „abendfüllendes" Programm auf die Beine stellen kann, sollte sich nicht scheuen beim Kulturamt um finanzielle Unterstützung zu bitten. Falls dieser „Test" erfolgreich bestanden ist, kommen andere Vertriebswege in Frage.

Fas beste Sprungbrett ist die Teilnahme an einem überregionalen 8mm-Filmfestival. Dort kann man Veranstalter kennenlernen und Adressen von 8mm-Spielstellen erfahren. Die meisten 8mm-Filmfestivals sind zugleich informelle Informationsbörsen.

Ein einzelner Filmemacher hat es jedoch auf Dauer sehr schwer, seine Filme einem größeren Publikum vorzustellen. Oft reichen die eigenen Produktionen nicht für ein gutes Programm aus. Die einfachste Lösung ist der Zusammenschluß mehrerer Filmemacher vor Ort zu einer Filmgruppe, die gemeinsam produziert, oder zu einem Vertriebskollektiv, das seine Filme gemeinsam verbreitet. Unter einem gemeinsamen Titel, mit Informationsmaterial und Poster versehen, kann so ein Filmprogramm als Filmpaket auf Tournee geschickt werden.

Viele 8mm-Filmveranstaltungen bzw. Festivals funktionieren ohnehin nur auf der Basis gegenseitiger Hilfe: eine Filmgruppe oder ein lockerer Zusammenschluß von Filmemachern einer Stadt oder Region organisieren eine Filmveranstaltung zu der sie auswärtige Filmemacher einladen, die selbst wiederum als Veranstalter einen

Gegenbesuch arrangieren. Die meisten 8mm-Festivals sind aus solchen regelmäßigen Begegnungsveranstaltungen entstanden und haben sich nach einiger Zeit soweit etabliert, daß sie auch öffentliche Unterstützung erhalten (dabei sollte möglichst ein lichtstarker 8mm-Kino-Projektor herausspringen!).
Eine weitere Vertriebsmöglichkeit bietet das KOB-8-Filmbüro an. Besonders interessante Filme werden im „KOB-8-Filmpool" betreut. Dieser Filmpool funktioniert als passiver Verleih, d. h. Veranstalter, die in regelmäßigen Abständen über den Pool informiert werden, können die Filme buchen. Darüber hinaus programmiert das KOB-8-Filmbüro aus diesem Filmpool auch deutsche Programme auf internationalen Festivals im Ausland.

Informationen über das KOB-8-Filmbüro

Das „Koordinationsbüro für 8mm-Filmemacher" (kurz KOB-8-Filmbüro) ist eine selbständige, ehrenamtlich arbeitende Einrichtung ohne finanzielle Förderung, die sich um die Verbesserung der Infrastruktur für den künstlerischen und journalistischen 8-mm-Film bemüht.

Das KOB-8-Filmbüro fördert den Informationsaustausch zwischen 8mm-Filmemachern, Programmveranstaltern, Festivalorganisationen, Kulturverbänden, Produzenten und öffentlichen Institutionen.

Das KOB-8-Filmbüro programmiert Festivals und Tourneen im In- und Ausland.

Das KOB-8-Filmbüro ist Herausgeber der KOB-Info, dem einzigen Mitteilungsorgan von und für 8mm-Filmemacher. KOB-Info berichtet und kündigt an: Festivals, Filmveranstaltungen, neue Filme, Handel&Wandel, Gerüchte aus der Szene u.v.m. KOB-Info erscheint monatlich als 6seitiger kopierter news-letter (Abo: DM 30/Jahr für Individuen, DM 60/Jahr für Institutionen+Produktionsgruppen).

Weitere Auskünfte über das KOB-8-Filmbüro (schriftlich nur gegen Einsendung von DM 1,– Rückporto) bei:

KOB-8-Filmbüro	Walpodenstr. 7
Schauder/Wolf	6500 Mainz
	Tel. 06131/227815

Kamera drauf und los? Pro und Contra Video

Margret Köhler

Den Begriff Video verbindet man schnell mit Vorstellungen von brutaler Gewalt, Horror oder Porno. Die Videotheken locken mit bunten Bildern, aus denen das Blut nur so tropft. Video gibt es zum passiven Medienkonsum, aber auch zum aktiven Medieneinsatz. Zunächst ist Video ein elektronisches Aufnahme- und Wiedergabeverfahren mittels eines Magnetbandes. Mit dem Videogerät ist es möglich, Bild und Ton gleichzeitig auf ein Magnetband aufzunehmen und – ohne die bei Super-8 und 16-mm-Film notwendige fotochemische Entwicklung – das Aufgenommene ohne Zeitverzug und beliebig oft über den Monitor abzuspielen. Die meist genutzte Funktion ist bisher die Aufzeichnung und Speicherung von Fernsehprogrammen. Doch ebensogut kann man mit Video selbst einen Film machen. Welche Gründe sprechen für Video?

- schon mit der Grundausrüstung (Videokamera und Recorder, Mikrophon) kann ein Film hergestellt werden
- das Bandmaterial ist relativ preisgünstig, die Cassetten sind jederzeit wieder überspielbar
- sofort nach der Aufnahme kann man das Bild auf einem eingebauten Monitor überprüfen, wenn es nicht gefällt, können die Aufnahmen gelöscht und einem neuen Versuch steht nichts im Wege
- mit Video sind Bildexperimente möglich, die im optischen Tricklabor einiges kosten
- die Ausrüstung kann allmählich mit Geräten und Zubehör erweitert werden bis hin zur semiprofessionellen Video-Werkstatt.

Wie arbeitet nun eine Videokamera?

Das Objektiv funktioniert wie bei einer Filmkamera oder einem Fotoapparat. Nur wird das Motiv nicht auf Film, sondern auf dem elektronischen Bildwandler (Röhre oder Chip), dem wichtigsten Element der elektronischen Kamera, abgebildet. Bild und Ton werden als elektromagnetische Schwingungen (bis 3 MegaHz)

getrennt auf ein Magnetband gespeichert. Die Grundregeln der Fotografie und des Films gelten auch für die Arbeit mit Video.
Neben den genannten Vorteilen gibt es noch eine andere positive Seite: Videokameras benötigen weniger Licht als beispielsweise Super-8-Filmkameras. Mit manchen Bildaufnahmeröhren kann man schon bei normaler Zimmerbeleuchtung drehen. Doch Video hat auch Schwachpunkte, den Ton. Die Aussteuerung durch die eingebaute Automatik klappt nicht immer optimal. Bei lauten Geräuschen dauert es einige Zeit, bis sich die Automatik auf die folgenden leiseren Töne umstellt. Das kann dann dazu führen, daß man gar nichts mehr hört. Für gute Tonaufnahmen empfiehlt sich ein Zusatzmikrophon.
Eine weitere Frustrationsquelle ist der Video-Schnitt. Videobänder kann man nicht mit der Schere auseinanderschneiden und zusammenkleben wie einen Super-8-Film. Der Schnitt erfolgt durch Überspielen von einem auf einen zweiten Videorecorder, dazu kommt ein Fernsehgerät zur Kontrolle. Wer jedoch perfekt schneiden will, der braucht ein Schnittstudio mit zwei Schnittrecordern, einem Schnittcomputer und zwei Monitoren, möglichst mit Ton- und Bildmischpult. Die Kosten für die Benutzung eines Schnittstudios übersteigen generell das finanzielle Budget eines Jugendlichen.
Was als Vorteil von Video gilt, kann sich aber auch schnell ins Negative verkehren. So verführt die Billigkeit des Bandmaterials leicht dazu, die Kamera auf Teufel komm raus „draufzuhalten". Das Resultat: eine Unmenge von Material, das die Auswahl erschwert, langweilige Bilder, das Wichtige geht im Unwichtigen unter. Gerade beim „Videoanfänger" besteht die Gefahr, erst einmal alles aufzunehmen und dann hilflos vor der Materialflut zu sitzen. Die beliebige Einsetzbarkeit nach dem Motto „kostet ja nicht viel" verleitet zum Herumschludern und zum nachlässigen Gebrauch. Es ist auffallend und symptomatisch, daß gerade Videofilme ohne ersichtlichen Grund oft eine Länge von 60 oder mehr Minuten aufweisen, während Super-8-Filme generell kürzer sind. Es liegt nahe, Video wie ein Tonband zu benutzen, und weniger eine eigenständige Bildsprache zu versuchen, als (zu) lange Texte mit (zu) vielen Bildern zu unterlegen.
Wer nicht gerade einen Spielfilm auf Video drehen will, für den bieten sich drei spezielle Einsatzbereiche an:

Video als Mittel zur Selbstdarstellung. Einzelne oder Gruppen können von sich selbst ein Porträt machen und zur Begutachtung vorstellen. Da hier wahrscheinlich nur eine kleine Öffentlichkeit erreicht werden soll (Schule, Freizeitheim o.ä.) kann man gleichzeitig auch mit dem Medium herumexperimentieren und die Technikangst abbauen.

Bei einer anderen Art von Videoarbeit, etwas hochtrabend *„artikulations- und kommunikationsbezogene"* genannt, steht ein gruppendynamischer Prozeß im Vordergrund. Da kann man gemeinsam einen

Konflikt dokumentieren oder auch Rollenspiele vortragen, nach der Sichtung diskutieren, was „Sache" ist, wo denn der „Hase im Pfeffer" liegt.

Dann gibt es als drittes noch die *konflikt- und öffentlichkeitsbezogene Videoarbeit*. Im Klartext heißt das: wer eine Forderung öffentlich machen will (sei es nun die Begrünung des Schulhofs, die Einrichtung eines Freizeitheimes oder einer Samstagabend-Disco) und ein breites Publikum für sich gewinnen will, sollte das Problem filmisch darstellen. Damit läßt sich oft mehr Erfolg verbuchen als mit einem Flugblatt oder Bittschreiben. Gerade wenn man auf etwas aufmerksam machen will, bietet sich Video zum Einsatz an. Die, auf die es ankommt, können sich dann eher vorstellen, um was es geht.

Aber niemand soll nun meinen, daß diese drei skizzierten Ansätze in Reinkultur existieren müssen. Sie mischen sich bunt durcheinander. Doch manchmal ist es nützlich, wenn man im Hinterkopf weiß, bei welcher Gelegenheit das Medium Video sinnvoll ist.

Bei technischen Pannen nicht den Mut verlieren

Eins sollte immer klar sein: wer mit einer normalen Videoausrüstung, das heißt mit einem tragbaren VHS-Gerät und Kamera arbeitet, kann nicht mit der Qualität des Fernsehens konkurrieren. Doch von den in TV-Anstalten herrschenden professionellen Maßstäben sollte sich niemand irritieren lassen. Die Bildqualität hängt von der elektronischen Signalverarbeitung und -aufzeichnung ab, die wesentlich das Auflösungsvermögen beeinflussen. Im Amateurbereich werden zumeist ½-Zoll-Cassetten (VHS, Betamax, VCC) und zunehmend 8mm-Cassetten eingesetzt. Das ¾-Zoll-System findet man im semi-professionellen Bereich, aber auch in der aktuellen Fernsehberichterstattung. Der 1-Zoll-Videorecorder hat sich bei den Fernsehanstalten als optimales Aufzeichnungsgerät durchgesetzt, benötigt aber eine aufwendige Technik und Elektronik. Das 1-Zoll-Band ist nicht auf Cassette, sondern auf Spule gewickelt und sorgt bei größerem Auflösungsvermögen für beste Sendequalität und Stabilität. Auf Kosten des 16mm-Films werden in letzter Zeit auch immer mehr Dokumentar- oder Spielfilme elektronisch aufgezeichnet.

Doch wer nicht gerade seinen Videofilm den Fernsehanstalten anbieten will, für den reicht das ½-Zoll-Band. Das Originalband, das sogenannte Mutterband, garantiert gute Qualität. Bei den weiteren Kopien tritt jedoch ein wachsender Qualitätsverlust ein.

Technische Pannen kommen oft vor, nur nicht den Mut verlieren. Vor jedem Einsatz sollte überlegt sein, was man eigentlich will. Das erspart Enttäuschung und unnütze Arbeit. Wichtig ist die Klärung der Fragen nach

– dem Inhalt, dem Problem, der Information, die vermittelt werden soll
– dem Adressatenkreis
– der Zielsetzung
– den äußeren Bedingungen (Zeitaufwand, Kosten, Drehort etc.)

Wer einen Film für ein größeres Publikum machen will, sollte folgende Arbeitsschritte planen (eigentlich selbstverständlich, oder?)

– Erstellen des Drehbuchs
– Arbeitsplan und Drehplan
– Bild- und Tonaufnahme
– Szenenreihenfolge und Einstellungslänge (besser vor den Aufnahmen festlegen, da es sonst zu Schwierigkeiten beim Videoschnitt kommt)
– Videoschnitt
– Vertonung (Nachvertonung)
– Vorführung
– Diskussion
– Auswertung

Das mag zwar alles sehr formalistisch klingen, erspart aber den Katzenjammer. Denn Kamera drauf und ab ... das reicht auch bei Video nicht!
Die besondere Stärke von Video liegt in der schnellen und kurzfristigen Einsetzbarkeit. Der tragbare Recorder erleichtert den raschen Standortwechsel, das Produkt, der fertige Film, kann bald nach der

Aufnahme in der „Kneipe" um die Ecke oder in der Schule/ Jugendzentrum (sofern ein Fernseher vorhanden) vorgeführt werden.

Wichtig: Videoarbeit ist immer Gruppenarbeit. Ein Videofilm kann nur durch Kooperation und gemeinsame Arbeit entstehen. Das stärkt den Zusammenhalt einer Gruppe, fördert soziales Handeln und das Eingehen auf andere.
Als Informations- und Verständigungsmedium war Video beispielsweise in der Hausbesetzerszene, bei Anti-AKW-Aktionen und bei Demonstrationen wichtig. Schon kurz nach den Ereignissen konnte man sehen, was wirklich passiert war, wenn Polizei und Veranstalter sich über Tatvorgänge stritten. Ohne Zeitverlust kann man mit Video „Gegenöffentlichkeit" herstellen, das heißt Probleme/Konflikte öffentlich machen, die in den Massenmedien keinen Platz finden, den oft geschönten Bildern in den Medien die Realität gegenüberstellen. Heißt es dann im offiziellen Bulletin, die Polizei mußte gegen Randalierer vorgehen und sieht man dann auf dem Video Ordnungshüter, die auf friedliche Demonstranten einprügeln, mag sich jeder seinen Teil denken ...
Zwischen Super-8-Filmern und „Videofreaks" herrscht manchmal „Sprachlosigkeit" und gegenseitiges „Unverständnis". Gegen die Vorteile von Video halten die Super-8-Enthusiasten, daß die Filmkamera leichter zu transportieren sei, eine Schmalfilmausrüstung weniger koste als ein entsprechendes Videoequipment, die Filmkamera leichter zu bedienen ist und – nicht zu unterschätzen – der Schmalfilm sich leichter schneiden läßt, die „Sinnlichkeit" des Mediums Film eine „höherwertige" sei.
Die Aufrechnung von Vor- und Nachteilen, die Fixierung auf ein und das Abqualifizieren des anderen Mediums und dessen Macher scheint überflüssig. Ausschlaggebend ist allein der Nutzungswert und der ist eben verschieden
Warum nicht Super-8 lieben und bei Bedarf trotzdem Video einsetzen ... oder umgekehrt? Durch die schnelle Entwicklung auf dem Elektroniksektor wird Video in immer mehr Bereiche eindringen.

Film-Splitter

Ich hasse blutige Horrorfilme! Deshalb faßte ich vor ca. ½ Jahr den Entschluß, einen Film des Genres ohne einen einzigen Tropfen Ketchup zu drehen.
Die Idee zu dem Drehbuch kam mir, als ich eines Abends alleine zu Haus war und der Strom bzw. die Sicherung ausfiel...

(Daniel O. Steinmetz)

Der Film „Die Pusteblume" entstand im September. Leider gab es zu diesem Zeitpunkt keine Pusteblumen mehr, wir nahmen daher eine Eisblume. Außerdem war es zu diesem Zeitpunkt schon eisig kalt, die Darsteller lagen daher auf Decken.

(Beate Schilhabel)

Wir bedauern, daß es uns leider nicht möglich war, unseren Film rechtzeitig zum angegebenen Abgabetermin vorführfertig abzuschikken. Der Regisseur wurde nämlich bei den Dreharbeiten zu unserem neuen Film von einem Auto angefahren und konnte deshalb nicht rechtzeitig für eine Super-8-Kopie des Filmes sorgen.

(Filmgruppe Telser aus Nürnberg)

In einer Garage dreht die „Plewi-Film" einen aufwendigen Science-Fiction-Film. „Auf einer ziemlich großen Platte, die auf zwei Böcken stand, bauten wir aus ausrangierten Spielzeugautos, Styropor und Sand unsere Miniaturstadt. Zwei Tage stand sie dort und wir filmten Tag und Nacht. Als die Aufnahmen im Kasten waren, bauten wir die Stadt wieder ab, um Platz für die Aufnahmen in der Hütte zu schaffen, die ebenfalls in dieser Garage entstanden. Hierbei entschlossen wir uns, fast alles zu improvisieren . . Das dicke Ende kam dann noch: die Vertonung. Nichts klappte. Wir schrien uns gegenseitig an, schoben uns gegenseitig die Schuld in die Schuhe. Immer wieder begannen wir von vorn. Unser Improvisieren hatte einen Nachteil gehabt: wir hatten die Texte nicht aufgeschrieben und dementsprechend vergessen. Ich glaube, der Projektor ist noch nie so strapaziert worden, wie bei dieser Vertonung . . ."

(Reinhard Plettenberg)

Jugendliche Medienproduzenten und Fernsehen

Möglichkeiten einer Zusammenarbeit

Schon mal was von DIREKT gehört?

Wolfgang Lörcher

DIREKT ist ein Fernsehprogramm des Zweiten Deutschen Fernsehens (ZDF), genauer, es ist eine Fernsehprogrammreihe, wegen seiner Form Magazin genannt. Ein Fernsehmagazin wird regelmäßig ausgestrahlt. Der Sendetermin von DIREKT ist einmal monatlich, zur Zeit Mittwochabend um 19.30 Uhr. Es hat immer dieselbe Länge (45 Minuten).

Was unterscheidet das Magazin DIREKT außer seiner Sendezeit noch von anderen Programmen, etwa den Nachrichten? Kurz gesagt, seine Zielgruppe. DIREKT ist nicht ein Programm wie die Nachrichten und viele andere Sendungen, die in erster Linie für alle, überhauptbar erreichbaren Zuschauer in der Bundesrepublik gemacht werden, sondern DIREKT wird in erster Linie für Jugendliche gemacht. Das heißt natürlich nicht, daß nicht auch Erwachsene zuschauen können, angesprochen werden sollen jedoch Jugendliche. DIREKT ist ein Zielgruppenprogramm für Jugendliche.

DIREKT ist zwar zunächst ein Programm für alle Jugendlichen zwischen 14 und 20 Jahren, insbesondere aber ein Programm für Lehrlinge, Berufsschüler und junge Arbeitnehmer. Gymnasiasten und Studenten treten in DIREKT nur ausnahmsweise auf, weil die Redaktion von DIREKT der Ansicht ist, daß diese beiden Gruppen genügend andere Möglichkeiten haben (etwa Schüler- und Studentenvertretungen), um auf ihre Probleme aufmerksam zu machen. Selbstverständlich schließt eine solche Festlegung diese beiden Gruppen nicht von DIREKT aus. Dort, wo wir Themen behandeln, die auch sie betreffen, werden sie in die Diskussion mit einbezogen.

Ein Beispiel war etwa eine Sendung über Wehrdienstverweigerung, ein anderes Beispiel eine Sendung über AIDS, wo wir auch mit Oberstufenschülern zusammengearbeitet haben. In DIREKT werden jedoch nicht spezielle Themen aus dem Gymnasium oder der Hochschule aufgegriffen.
DIREKT ist im Unterschied etwa zu „Rockpalast" oder „Formel 1" kein Musikmagazin, sondern in DIREKT werden Probleme Jugendlicher zur Sprache gebracht und diskutiert. Der Unterschied von DIREKT wird aber erst deutlich aus der Unterzeile von DIREKT, die lautet: „Ein Magazin mit Beiträgen junger Zuschauer".

Wer macht DIREKT?

Das Jugendmagazin DIREKT ist das einzige Programm im Fernsehen, das soweit als möglich versucht, die von einer Sache betroffenen Jugendlichen Filme selbst machen zu lassen. Das bedeutet der Satz „Ein Magazin mit Beiträgen junger Zuschauer". Wie geht das nun vor sich?
Die Redaktion von DIREKT, also die Leute, die diese Sendung planen und den Kopf hinhalten müssen, wenn Fehler passieren, sind zu dritt: Meine Kollegin Karin Emde, unsere Sekretärin Martina Arnold und ich, Wolfgang Lörcher. Die einzelnen Filme, die in DIREKT ausgestrahlt werden, werden nur zum Teil von uns selbst gemacht. Wir arbeiten noch zusammen mit etwa zehn freien Filmemachern, die wir Realisatoren nennen, weil sie für das Realisieren der einzelnen Filme in DIREKT zuständig sind. Dann kommen dazu noch Kameraleute, Tonleute und Cutter. Um begreiflich zu machen, was in DIREKT passiert, bevor eine Sendung über den Bildschirm geht, will ich am Beispiel eines Themas das Entstehen einer Sendung erläutern. Dann wird auch deutlich werden, was hinter der Formulierung steckt: „Beiträge junger Zuschauer".
Nehmen wir das Thema „Bildungsurlaub". Eine Jugendgruppe des DGB, die gemeinsam einen Bildungsurlaub gemacht hatte, schrieb eines Tages unsere Redaktion an und schlug vor, über ihre Erfahrungen einen Film zu machen.
Daraufhin setzt sich nach Absprache mit der Redaktion ein Realisa-

tor mit der Gruppe in Verbindung. Er fährt – zunächst ohne Kamera- und Tonmann – zu der Gruppe und diskutiert mit ihr, was sie in dem Film darstellen will, wo es Probleme und Schwierigkeiten gibt, und wo eventuell Lösungsmöglichkeiten liegen. Entscheidend sind dann die Darstellungswünsche der Gruppe. Der Realisator unterstützt die Gruppe hauptsächlich dadurch, daß er möglichst früh mit der Gruppe darüber diskutiert, wie deren Vorstellungen optisch umsetzbar sind oder gemacht werden können. Nach dieser Diskussionsphase, die bis zu einem Monat, teilweise sogar länger dauern kann, erarbeiten Gruppe und Realisator einen groben Ablauf des Films. Dieser wird vom Realisator der Redaktion vorgelegt. Hat die Redaktion Einwände oder Verbesserungsvorschläge, teilt sie diese dem Realisator mit und der diskutiert sie mit der Gruppe aus. Dabei kann es durchaus vorkommen, daß die Redaktion wieder von ihren Vorschlägen abrückt, wenn eine Gruppe auf ihrer ursprünglichen Darstellung beharrt und das sinnvoll begründet.

Hat die Redaktion diesen groben Ablauf abgenommen, wird gemeinsam mit der Gruppe gedreht, wobei Kamera und Ton von Profis bedient werden, denn es wird grundsätzlich mit 16-mm-Material gearbeitet. Video ist wegen der technischen Qualitätsnormen, die für alle Programme des ZDF gelten, ausgeschlossen. Aus diesem Grund kaufen wir auch keine fertigen Videofilme von Jugendgruppen an.

Über das, was gedreht werden soll, entscheidet nun nicht mehr der Realisator allein, noch nicht einmal in erster Linie, sondern das Sagen hat zunächst die Gruppe. Nur wenn optische Grundgesetzlichkeiten verletzt werden, greift der Realisator ein. Dasselbe gilt für den anschließenden Filmschnitt.

Auch hieran nehmen die Gruppe, oder einige von der Gruppe delegierte Mitglieder teil.

Auch beim Schnitt bestimmt in erster Linie die Gruppe, was in den Film hineinkommt oder was wegfällt. Schließlich erstellt die Gruppe gemeinsam mit dem Realisator den Filmtext und eines oder mehrere Mitglieder der Gruppe sprechen diesen Text. Der fertige Film wird von der Redaktion begutachtet und abgenommen. Gibt es Meinungsverschiedenheiten, werden sie mit der Gruppe ausdiskutiert. Ist ein Konsens zwischen Redaktion und Gruppe nicht herzustellen, kann die Gruppe ihren Film zurückziehen, er wird dann nicht ausgestrahlt. In der Praxis ist das jedoch noch nie vorgekommen, da aufgrund des

intensiven Kontakts zwischen Realisator und Gruppe Meinungsverschiedenheiten ausdiskutiert werden können.
Da die Gruppe oder auch einzelne Jugendliche ganz entscheidend an der Gestaltung dieser Filme beteiligt sind, werden sie, im Gegensatz zu den im Fernsehen üblichen Autorenfilmen, Gruppenfilme genannt. Sie machen das Wesen der Sendereihe DIREKT aus. In der regel enthält jede Folge von DIREKT einen solchen Gruppenfilm.
Die mit DIREKT auf diese Weise zusammenarbeitenden Gruppen erhalten für ihre Arbeit ein Gruppenhonorar. Außerdem zahlt das ZDF Tagesspesen für die Gruppenmitglieder, die am Schnitt, Texten und Sprechen des Textes teilnehmen und die Reisekosten für die Anreise nach Mainz. Die Gruppe wird im Abspann der Sendung als Mitautor genannt und kann vom ZDF für von ihr geplante Veranstaltungen leihweise eine Schwarzweißkopie ihres Films gebührenfrei zur Verfügung gestellt bekommen.
Die Vorteile dieser Produktionsweise des Gruppenfilms liegen für die Redaktion DIREKT und für die Jugendlichen klar auf der Hand. Durch dieses Mitbeteiligungsmodell wird das Jugendmagazin DIREKT authentischer als andere Jugendsendungen das sein können. Jugendliche schildern in ihrer Sprache und mit ihrer Emotion ihre Schwierigkeiten und berichten, wie sie diese angehen. Es wird offener und härter zur Sache geredet als anderswo. Die Gruppen sind bis zur Ausstrahlung an ihrem Film beteiligt. Es wird nicht über sie berichtet, sondern sie selbst berichten von sich.
DIREKT ist auf diese Weise mit seinen Gruppenfilmen ein Programm, das Ernst macht mit der Mitbeteiligung von Jugendlichen. Wir bemühen uns, auf allen Ebenen die betroffenen Jugendlichen so weit als möglich zu beteiligen und versuchen, eventuell entstehende Konflikte partnerschaftlich mit den Betroffenen auszudiskutieren, um gemeinsam einen möglichst guten Film zustandezubringen.

Wer Ideen oder Anregungen für uns hat, kann uns anschreiben:
Zweites Deutsches Fernsehen
Jugendmagazin DIREKT
Postfach 4040
6500 Mainz

Filmförderung im WDR: Die Sendereihe „Schüler machen Filme"

Kai Boeck/Claude Bonnet

Ein schlafender Schüler. Der Wecker klingelt. Der Schüler wacht auf, reibt sich die Augen. Bis jetzt nichts Besonderes. Der Junge steigt aus dem Bett – und stellt fest, daß das Bett im Klassenraum steht: Unterricht, volles Programm.
Aber dann wird plötzlich Bier aus den Mappen geholt, ein Mitschüler bestellt sich Spaghetti, ein Ober bringt's, einer pinkelt in die Ecke. Im Klassenschrank steht die Zapfsäule für das Mofa, mit dem ein weiterer Typ hereingesägt kommt; er tankt, nimmt selbst ein Schlückchen, spuckt eine Riesenflamme aus.
Dann wird der Junge im Bett entdeckt, die Mitschüler verwandeln sich in Monster – ein Alptraum beginnt ...
Einer von inzwischen über hundert Filmen, von Jugendlichen für Jugendliche gemacht, die im WDR-Schulfernsehen gelaufen sind. Weil nicht nur Profis Fernsehfilme machen können. Und weil es geballt Themen gibt, zu denen Jugendliche etwas anderes zu sagen haben als Erwachsene. Deshalb also seit dreizehn Jahren (!) die Sendereihe „Schüler machen Filme" im Dritten Programm. Sie läuft zur Zeit, außer in den Ferien, einmal im Monat an einem Donnerstag um 17.30 Uhr.
Die Sendung ist eine halbe Stunde lang und bringt meist zwei, manchmal auch nur einen Film, oft mit bißchen Information drumherum: wer sind die Macher, woher kommt die Idee, wie sah's technisch aus usw.. Am Schluß dann noch „Vorschau auf den nächsten Schülerfilm".
Manchen stört, daß „Schüler machen Filme" kein „Offener Kanal" ist, wo Ihr mit Eurem fertigen Film einfach hingehen und ihn senden lassen könnt. Denn es gibt eine Redaktion, die darüber entscheidet, was kommt und was nicht.
Aber die Sendereihe ist von der Grundidee her sowieso etwas anderes als eine reine Abspielstätte für unabhängig gedrehte Filme. Der Redaktion geht es darum, Filmemachen, vor allem an der Schule, erst einmal richtig in Schwung zu bringen.

Hintermänner und -frauen

Mit „Redaktion" ist einfach Ursula Möller zu verstehen. Offiziell ist sie für das Gesendete insgesamt verantwortlich, z. B. wenn es Ärger damit gibt. So sieht es beim Fernsehen eben immer noch aus. Aber ihr Hauptjob besteht nicht darin, aus einem Angebot an fertigen Filmen hübsche und dem Fernsehen genehme Sachen herauszupikken. Ihr Hauptjob ist es, sich darum zu kümmern, daß aus Filmideen tatsächliche und möglichst gute Filme entstehen, gerade dann, wenn das know-how fehlt und es ohne Hilfe bei der Idee, beim Wunsch bleiben würde.

An der Redaktion hängen, neben der Sekretärin, noch zwei weitere Leute: wir. Wir nehmen mit den Gruppen, die für eine Sendung in Frage kommen, Kontakt auf, fahren hin und helfen ihnen. Zum Beispiel technisch oder beim praktischen Umgang mit den Geräten und wenn es darum geht, aus einer ersten Idee ein konkretes Filmkonzept zu basteln.

Ihr könnt Euch den ganzen Verein ruhig als etwas betagt vorstellen. Nicht gerade Rentenalter, aber wir sind eben selbst keine Jugendlichen mehr und haben wahrscheinlich auch schon viel zu viel Standard-Fernsehen im Kopf. So kommt es ab und zu schon zu massiven Reibungen mit den jugendlichen Filmemachern. Trotzdem: wenn Ihr mal 'reinschaut in die Sendung, merkt ihr schnell, daß wir nicht versuchen, normales Fernsehen mit ein bißchen Schülerbeteiligung abzuziehen.

Denn so ziemlich alles bleibt in der Hand und in der Entscheidung der Schüler: Konzept, Drehbuch, Kamera, Ton, Licht, Dekoration, Schnitt, Schauspielerei, Interviews usw. Und die gehen da ziemlich locker dran, experimentieren, finden neue Formen. Was von uns kommt ist Anleitung, Diskussion und, soweit unbedingt nötig, Geräte. Und wir sind schwer dahinter her, daß das, was an Ideen und Absichten da ist bei den Gruppen, filmisch auch 'rüberkommt. Es muß zwar nicht alles aalglatt in die Zuschauer hineinflutschen, aber verständlich und spannend soll's schon sein.

Band- oder Filmsalat?

Früher, als es noch kein gutes Amateurvideo gab und Super-8 nur in ganz mieser Qualität über den Sender gebracht werden konnte, hat der WDR öfters Profiausrüstung aufgefahren an den Schulen, mit Profis, die dann unter der Regie der Schüler den Film realisiert haben.

Inzwischen wird so gut wie alles auf Heimvideo und Super-8 gedreht, mit Geräten, die an der Schule herumstehen oder von Bildstellen, Eltern/Lehrern/Freunden oder vom WDR ausgeliehen sind. In den Sendungen soll nämlich unter anderem auch deutlich werden, daß Ihr keine Super-Ausrüstung braucht, um einen Super-Film herzustellen. Natürlich versuchen wir, aus den vorhandenen Geräten soviel technische Qualität wie möglich herauszuholen, und nicht so ganz ins Bild paßt die fast profimäßige VHS-Schnittanlage im WDR, an der die Schüler ihre Beiträge fertigmachen können. Einiges wird aber auch so gesendet, wie es aus dem Heimvideo kommt, und auch an der Schnittanlage sitzen keine Cutter, sondern Schüler. Genauso sieht's bei Super-8 aus: wir haben zwar einen gepflegten Schneidetisch, aber vieles kommt direkt vom einfachen Betrachter oder frisch aus dem Tonprojektor.

Problemfilmchen oder was?

Als Kritik an der Sendereihe kommt oft, daß alles doch ziemlich beladen ist: immer Probleme. Mal was über Leistungsdruck, dann was über Angst vor Schwangerschaft, über's Zuspätnachhausekommen, AIDS, Jugendarbeitslosigkeit, Türken, Neonazis, aber nichts für'n Lachmuskel, selten etwas Unterhaltendes, kaum echte Äktschen.

Wahr daran ist, daß die Redaktion bei der Auswahl darauf guckt, ob die Filme etwas mit der tatsächlichen Situation der Macher zu tun haben. Ob die über etwas sprechen wollen, was sie selbst kennen. Ob das Phantasien sind, die sich an den eigenen Lebensumständen entzünden.

Die Sendereihe soll „Öffentlichkeit" für Schüler herstellen, z.B. dafür, wie Ihr die Dinge seht, was Ihr Euch wünscht und träumt, was Spaß macht und Spaß machen würde, was – richtig (siehe Überschrift) – Probleme bringt oder wovor Ihr Angst habt. Vorausgesetzt, Ihr wollt tatsächlich was 'rauslassen davon.

Natürlich muß ein Thema, das für Euch als Jugendliche wichtig ist und das ihr ernst nehmt, nicht auch total schwerfüßig daherkommen. So etwas kann man auch komisch bringen, und wir würden uns mit Begeisterung darauf stürzen.

Wer kann mitmischen und wie?

Vor allem Gruppen an der Schule. Eine ganze Klasse im Unterricht, eine Film- oder Video-AG, eine Projektgruppe. Gymnasium bis Sonderschule, nur mit Grundschulen wird's erfahrungsgemäß etwas schwierig. Dann (mit Einschränkung, denn die Schulen haben Vorrang) Gruppen, die in der Freizeit etwas machen wollen, ohne Schule, ohne Lehrer, z.B. im Haus der Offenen Tür oder ganz selbständig. Aber Schüler sollten's schon sein, keine „älteren Semester".

Wenig Glück bei „Schüler machen Filme" haben leider Leute, die vielleicht später zum Film wollen und als Einzelpersonen Produktions- und Abspielmöglichkeiten suchen, z.B. als Autoren, Regisseure oder Kameraleute. Wir sind eben im Schulfernsehen angesiedelt und daher im Wesentlichen auf Schule abonniert. Wir wollen zeigen, was dort gemacht wird und das in Film umsetzen, was dort an Kreativität vorhanden ist. Daß das Fernsehen insgesamt unabhängigen jungen und jüngsten Filmern so wenig Chancen gibt, etwas zu zeigen, ist schon ein Skandal, kann aber nicht von „Schüler machen Filme" ausgebadet werden. Dafür ist die Redaktion zu klein, die Sendezeit zu beschränkt und die Finanzen zu bescheiden.

„Schüler machen Filme" ist kein Wettbewerb. Es gibt, abgesehen von einer nicht sonderlich hohen Aufwandsentschädigung, keine Preise. Und keinen Einsendeschluß! Wenn Ihr eine Filmidee habt, einen halb- oder sogar ganz fertigen Film, schreibt uns einfach! Es muß kein ausgearbeitetes Drehbuch sein. Eine Skizze Eurer Überlegungen reicht für den Anfang. Natürlich, je genauer Ihr schon wißt, wohin der Hase läuft, umso besser.

Was wir uns vom Inhalt her vorstellen, kam schon ansatzweise: alles was Euch wirklich selbst beschäftigt und für andere interessant sein könnte. Wichtig ist nur noch, daß Ihr es Euch selbst ausgedacht habt. Also Buchverfilmungen und fremde Theaterstücke z.B. fallen 'raus. Egal ist auch die filmische Form, die Ihr benützen wollt, ob's was Spielfilmartiges werden soll oder eine Reportage, eine Dokumentation oder eine Bildergeschichte mit Musik oder ein Trickfilm oder eine Mischung aus alledem. Oder etwas ganz Neues – wie gesagt egal.

Filmerfahrung übrigens ist überhaupt nicht wichtig. Wir zeigen Euch alles Nötige. Die meisten Sendungen werden von Gruppen bestritten, die zunächst absolute Anfänger waren.

Wenn die Redaktion Eure Sache gut findet, kommt eine/einer von uns vorbei und überlegt mit Euch, wie, wann und mit welchem Gerät der Film entstehen soll. Oder, bei einem fertigen Film, in welcher Form er gesendet werden könnte, z.B., wie es mit Kürzungen aussieht, (damit er in die Sendezeit 'reinpaßt).

Wenn wir mit Euch zu drehen anfangen, ist das zwar noch keine Garantie für einen Sendeplatz, aber wir helfen Euch, bis das Werk fertig ist. Die endgültige Entscheidung fällt, sobald einiges gedreht ist – manchmal auch erst dann, wenn fertiggeschnitten ist. Denn auch aus einer tollen Idee entsteht gelegentlich ein schrottiger Film. Und umgekehrt.

Einen Film herzustellen, macht wahnsinnig viel Arbeit. Auf jeden Fall dauert es viel länger, als sich das Ergebnis anzugucken. Unter fünf Tagen für ein Viertelstündchen schaffen wir es selten. Aber wenn's Spaß macht und sich auf ein paar Wochen verteilt, ist das nicht die Welt.

Wer überhaupt nicht selber filmen will oder erst später mal oder sich keine Chancen bei uns ausrechnet, kann immer noch gucken. Schauen, was andere machen. Sich davon anregen lassen, wie die ihren Stoff umgesetzt haben, mit „Film" umgegangen sind. Uns schreiben, wie's angekommen ist, ob's fad war, ätzend, oder „reingezogen" hat.

Anrufen geht übrigens auch!

Westdeutscher Rundfunk/Schulfernsehen
Redaktion Medienerziehung
Postfach 10 19 50
5000 Köln 1
Telefon: 0221/2 20-27 23 oder 2 20-29 12

●

„Live aus dem Alabama": Wenn die Fetzen fliegen, ist es am schönsten!

Gespräch mit Gerd Aschmann, Redakteur der Jugendsendung „Live aus dem Alabama" (Bayerisches Fernsehen)

Köhler: *Die Sendung „Live aus dem Alabama" hat Erfolg beim jugendlichen Zuschauer, wurde 1986 mit dem Adolf-Grimme-Preis ausgezeichnet. Was ist das Konzept dieser Sendung?*

Aschmann: Die Sendung ist dreigeteilt: die „Formel Eins", die Video-Hitparade, dann ein Live-Gespräch, die sogenannte „Talk-Runde" und ein Live-Konzert. Dieses Live-Konzert brauchen wir, um Zuschauer in die Halle zu kriegen. Das Gespräch allein würde wohl nicht diese große Zahl von Zuschauern anziehen. Dieses Konzept bietet den Vorteil, daß wir eine sehr breite Zielgruppe erfassen, von 12 bis ungefähr 30 Jahre. Die Flexibilität leidet jedoch unter den Blöcken. „Formel Eins" dauert 45 Minuten, das Live-Konzert 20 Minuten, dazwischen dann 20 bis 30 Minuten Gespräch.

Diese Lösung macht uns intern nicht sehr glücklich. Wir merken oft, daß einfach eine Viertelstunde bei der „Talk-Runde" fehlt.

Köhler: *„Live aus dem Alabama" gibt es nun schon seit Januar 1984, existieren schon Pläne für eine Neugestaltung?*

Aschmann: Wir werden auf jeden Fall weitermachen. Aber wir überlegen uns, ob wir nicht eine andere Form wählen sollen. Das Konzept ist erfolgreich, wir haben Modellcharakter. Andere ARD-Anstalten wollen ähnliches machen.

Köhler: *Was macht den Reiz dieser Sendung aus, was sind für Dich Kriterien einer guten Jugendsendung?*

Aschmann: Wir sind ursprünglich davon ausgegangen, daß eine Jugendsendung keine Alternative gegenüber anderen Sendungen sein kann, sondern nur eine Ergänzung. Es gibt kaum jugendspezifische Themen, sondern Themen, die für Erwachsene und Jugendliche gleichermaßen interessant sind. Die Themen müssen einfach jugendgerecht aufgearbeitet werden. Wir versuchen nicht, die Probleme auf einer Theorieebene zu diskutieren, sondern wir versuchen mit den Betroffenen offen zu reden, das ist vielleicht das Erfolgsrezept. Die Jugendlichen wissen, daß sie bei uns ein Forum haben, authentisch über ihre Probleme diskutieren können. Nach jeder Sendung erhalten wir waschkorbweise Zuschauerpost.

Köhler: *Nehmt ihr Impulse für ein neues Thema auf?*

Aschmann: Mit der Post kommen viele Themenvorschläge. Im vergangenen Jahr haben wir an die Zuschauer appelliert, Themen einzureichen: ungefähr 500 Themen sind eingegangen. An erster Stelle rangieren sozial- und gesellschaftspolitische Themen.

Köhler: *Welche Themen kam bisher am besten an?*

Aschmann: Kontroverse Themen, die man auf einen Punkt bringen konnte. Die nicht theoretisch abgegehandelt, sondern anhand von konkreten Fällen besprochen wurden, zum Beispiel die Fußballschlacht in Brüssel, Bhagwan, Aids, Neonazis. Wenn die Fetzen fliegen, dann ist es am schönsten.

Köhler: *Arbeiten Jugendliche bei der Sendung mit?*

Aschmann: Wir haben einen festen Stamm von jungen Mitarbeitern so zwischen 20 und 25 Jahren. Dann gibt es die Redaktion, die Moderatoren und die Autoren. Die letzteren recherchieren, kommen aus der „Szene" und bringen fast jeden Tag Vorschläge, die von Jugendlichen an sie herangetragen werden. Wir versuchen, Jugendliche in unsere Arbeit einzubinden, vielleicht auch eine Art Ausbildungsstätte zu sein für junge Leute, die Kommunikationswissenschaft studieren, die später mal in ihren Beruf einsteigen wollen. Aber wir wollen auf keinen Fall der goldene Brutkasten für ein paar wenige sein, sondern immer wieder neuen Leuten die Möglichkeit geben, etwas zu lernen.

Köhler: *Aber was ist das spezifisch jugendliche, beispielsweise an der mit dem Adolf-Grimme-Preis ausgezeichneten Sendung über Aids?*

Aschmann: Die Aufarbeitung. Ausgangspunkt war die neue Liberalität und Freiheit, in der Jugendliche erzogen werden und die sich auch auf das Verhalten auswirkt. Die jungen Leute, die mit diskutierten, konnten ihre Ängste ausdrücken, Fragen stellen aus dem Puiblikum, auch eine sehr junge Aids-Kranke diskutierte mit. Es kommt mehr auf die Machart, die Aufbereitung eines Themas an, auf den Rahmen, in dem die Diskussion abläuft. Wir versuchen immer mehr, eine Runde aus ausschließlich jungen Leuten zusammenzusetzen, die dann über ihre Erfahrungen reden und natürlich auch „präparierte" Gäste, die sich auf dem Gebiet auskennen. Wir gehen auch einfach ins Publikum und fragen die Anwesenden.

Köhler: *Könntest Du Dir vorstellen, daß Jugendliche einen eigenen Sendeplatz für Eigenproduktionen erhalten und positive Resonanz bei Gleichaltrigen fänden?*

Aschmann: Die Antwort muß ich zweiteilen. Ich fände es gut, wenn es diese Möglichkeit gäbe. Nichts würde besser die Situation Jugendlicher widerspiegeln als ein selbstgemachter Film. Man sollte Jugendlichen durchaus die Chance geben, sich künstlerisch zu verwirklichen. Andererseits sehe ich – zumindest was unsere Anstalt angeht – keine Möglichkeit in der Programmstruktur, es gibt dafür keine Sendeplätze. Es käme vielleicht mal auf einen Anstoß von außen an. Man müßte vielleicht eine „gesellschaftlich-relevante" Gruppe finden, die dafür plädiert. Ich kann mir vorstellen, daß es keine grundsätzliche Abneigung gäbe. Es ist mehr eine formale Frage, wo man solche Filme unterbringen könnte. Warum nicht mal eine Sendung von Jugendlichen?

Köhler: *Welchen Ausbildungsweg würdest Du einem Jugendlichen raten, der – mit etwas Super-8-Erfahrung – ins Filmgeschäft einsteigen will? Wenn er freier Filmemacher werden will oder unbedingt beim Fernsehen arbeiten möchte?*

Aschmann: Das sind zwei ganz verschiedene Wege. Wer Filmemacher werden will, für den gibt es nur die Filmhochschule, in München die HFF, obgleich die Auswahlkriterien sehr streng und die Aufnahmjekapazitäten sehr begrenzt sind. Das ist eine Möglichkeit, sich dem Berufsziel anzunähern. Man kann aber auch den unkonventionelleren Weg gehen. Man kann sich selbständig machen, sofern man über die entsprechenden Gelder verfügt oder von Eltern unterstützt wird. Gerade zur Zeit scheint der Markt sehr offen. Es gibt viele Möglichkeiten, filmerisch tätig zu sein. Allerdings wird auf dem Gebiet sehr viel Schindluder getrieben.

Köhler: *Soll man sich nach der HFF selbständig machen?*

Aschmann: Nein. Ich meine, sich selbst ausbilden und dann selbständig machen. Es gibt viele Talente in diesem Geschäft. Ich kann mir durchaus vorstellen, daß man sehr viel selbst lernen kann. Wenn man jemanden an der Seite hat, der einem mit Erfahrung hilft, wäre das natürlich ein besserer Weg. Was die öffentlich-rechtlichen Anstalten und die Privaten angeht, ist es schwer. Zumeist kann man nur ein Praktikum machen oder Garantie auf Übernahme in ein festes Arbeitsverhältnis. Es sieht nicht rosig aus. Wenn ich zurückblicke kommt es sehr viel auf Zufallsbegegnungen an oder auf das berühmte Vitamin B, um irgendwo reinzukommen. Wichtig ist ein hohes Maß an Hartnäckigkeit. Da muß man wirklich einigen Leuten auf den Wecker gehen. Wer einmal die Chance erhält, einen Beitrag zu machen, der bekommt sicher noch einmal die Gelegenheit dazu, sein Können unter Beweis zu stellen. Bei der Ausbildung fehlt es in den Sendeanstalten oft an Leuten, die sich wirklich um Praktikanten kümmern. Niemand hat da Zeit. Am besten wäre es über kleine eigenständige Produktionen, wo man ein Buch schreiben und sich langsam an das Medium Fernsehen herantasten kann. Es gibt keinen klassischen Weg. Vielleicht bietet die Regieassistenz auch eine Möglichkeit. Aber wenn man Pech hat, bleibt man 10 Jahre lang Regieassistent, erhält nie einen richtigen Auftrag und kommt auch in der privaten Filmindustrie nicht unter.

Köhler: *Würdest Du trotz allem jemandem überhaupt raten, den Weg in die Film- und Fernsehbranche zu wagen?*

Aschmann: Ja. Bei den privaten Fernsehanbietern gibt es wenig gute Leute, wenig gute Kamera- und Tonleute. Jeder meint, er sei der große Kameramann und könne einen Spielfilm drehen. Jeder sieht sich als großer Regisseur. Dabei gibt es nur sehr wenig gute Leute. Ich kann mir vorstellen, daß jemand, der den festen Willen hat, durchaus eine Chance bekommt. Aber er darf das Ganze nicht nur unter einem wirtschaftlichen Gesichtspunkt sehen, sondern unter einem mehr ideellen. Können ist in diesem Geschäft gefragt. Die privaten Anbieter, die derzeit noch mit Billigprodukten kochen, werden merken, daß es so nicht geht. Man muß Qualität bieten. Das will auch der Zuschauer. Reaktion, Technik und Regie, alles muß gut sein.

Köhler: *Also auf jeden Fall versuchen?*

Aschmann: Jemandem, der den festen Willen hat und das Durchhaltevermögen, dem würde ich sagen o. k. versuch's.

●

„Filmversuche aus der Schule" — Konzeption einer Sendereihe

Filmversuche aus der Schule ist eine Sendereihe des Schulfernsehens in S 3, dem Gemeinschaftsprogramm von Saarländischem Rundfunk, Süddeutschem Rundfunk und Südwestfunk. In ihr werden Filme präsentiert, die in einer Schule im Sendegebiet von S 3 entstanden sind. Jede Folge ist 35 Minuten lang.
Die Sendereihe hat zwei Hauptanliegen:
Zum einen sollen die Sendungen dazu beitragen, für das Arbeiten mit dem Medium Film/Fernsehen in der Schule zu motivieren. Deshalb werden Filme in Super-8 oder Video gezeigt, die in der Schule

entstanden sind und nach Ideen von Schülern und Lehrern in deren Regie verwirklicht wurden.

Der Rahmen der Sendung, in den die Filme eingebettet sind, ermöglicht durch Gespräche und Aktionen das Umfeld der Filmprojekte vorzustellen, Absichten, Arbeitsbedingungen und technische Probleme.

Das zweite Hauptanliegen betrifft die Inhalte der Schülerfilme. Gefragt sind Themen, die den Alltagserfahrungen der jungen Filmemacher entsprechen. Die Themen sollen aus der Sicht der Schüler, in deren Sprach- und Ausdrucksweise dargestellt werden. Sie sollen aber auch der schülereigenen Kreativität den nötigen Raum lassen. Die Filmideen entstehen meist im Rahmen eines Unterrichtsprojekts in Deutsch, Bildender Kunst, Musik, Sozialkunde, einige auch in schulischen Film-AG's.

Themen bisheriger Sendungen waren u. a.:
– Außenseiter/Einzelgänger
– Klassengemeinschaft/Solidarität unter Schülern

- Konflikte zwischen Schülern und Lehrern/Eltern
- Schulstreß
- Schlüsselkinder
- Freundschaften/Zärtlichkeiten in der Schule
- Verliebt in den Lehrer

In der Vergangenheit haben sich die Schüler hauptsächlich für Spielhandlungen entschieden, obwohl auch andere Formen, z. B. Dokumentationen, denkbar sind. Die Spielrollen waren mit Schülern, Lehrern und Eltern besetzt. Drehorte sind die Schule, die elterliche Wohnung, der Ort.

Kernstück jeder Sendung sind zwei Schülerfilme aus ein und derselben Schule. Sie sind in der Regel in verschiedenen Klassen entstanden. Jeder Film hat eine Länge von etwa acht Minuten. Einer der beiden Filme wird von den Schülern auf Super-8 oder Video selbst hergestellt, zu dem anderen verfassen die Schüler das Drehbuch. Ein Fernsehteam versucht dann, nach Regievorstellungen der Schüler das Drehbuch umzusetzen.

Die Filme werden aus der Schule ihrer Entstehung präsentiert. Dadurch wird auch etwas vom Schulort, vom Schulgebäude und vom Schulleben sichtbar.

Zur Umrahmung der Moderations- und Gesprächsteile eignen sich Musikdarbietungen, Tanzeinlagen, Sketche, Schul- und Klassenfest o. ä..

Interessenten melden sich bei:
Redaktion Schulfernsehen
Saarländischer Rundfunk
6600 Saarbrücken
Tel. 0681/6022661

Die „Neuen Medien": Wenig Chancen für den Nachwuchs

Gespräch mit Peter Dermühl, Geschäftsführender Redakteur der Tele-Zeitung München

Köhler: *Die „Tele-Zeitung München", Deutschlands erstes Lokal-Fernseh-Programm wird von der mbt ausgerichtet, der Mediengesell-*

schaft der Bayerischen Tageszeitungen für Kabelkommunikation, gehört also zu den Neuen Medien. Viele Nachwuchs-Filmemacher und Nachwuchs-Journalisten machen sich große Hoffnungen auf Arbeitsplätze. Welche Möglichkeiten gibt es?

Dermühl: Große Hoffnungen ist ein großes Wort. Wir müssen die Realität sehen. Die Neuen Medien können keine große Hoffnungen für den Nachwuchs machen. Wenn es um die Entwicklung journalistischer Programme geht, stehen dahinter – wie in unserem Fall – generell auch bundesweit die Zeitungsverleger. Wir machen „Fernsehen im Armenrecht", das heißt eine low-budget-Produktion, die – im Gegensatz zu den öffentlich-rechtlichen Anstalten – mit ganz wenig Miteln und natürlich auch relativ geringem Personal auskommen muß. Das wird auch in naher Zukunft so bleiben. Es betrifft die Vollprogramme, die in aktuelle Nachrichten eingebettet sind wie etwa APF, Aktuelles Pressefernsehen Hamburg, oder auch RTL plus, das low-budget-Prinzip herrscht auch dort. Wer mit einer Arbeitsplatzflut für Journalisten rechnet, hat sich getäuscht.

Köhler: *Welche Voraussetzungen muß bei der mbt ein Redakteur mitbringen oder jemand, der seinen Film verkaufen möchte?*

Dermühl: Die Voraussetzungen sind erst einmal das journalistische Rüstzeug. Wer das nicht mitbringt, hat keine Chance. Aus den vorgenannten Gründen der Personalknappheit ist es schlecht möglich, einem talentierten Mann oder Frau zu versprechen, hier lernst Du was, bekommst das Rüstzeug. Wir gehen davon aus, daß der- oder diejenige, die im Bereich der Aktualität arbeiten will, die Voraussetzungen mitbringt.

Köhler: *Gäbe es die Möglichkeit, einen Dokumentar- oder Spielfilm unterzubringen?*

Dermühl: Die Möglichkeiten sind relativ gering, da innerhalb der Neuen Medien vieles aufgekauft wird. Der Filmkaufmann Leo Kirch hat Rechte im In- und Ausland aufgekauft, wir sind seine Abnehmer. An Neuproduktionen ist gar nicht zu denken, gerade für den Bereich Neue Medien. Und in den öffentlich-rechtlichen Anstalten gibt es viele Platzhalter, die dem Nachwuchs, hoffnungsvollen jungen Leuten, letztlich die Zukunft verbauen.

Köhler: *Am Anfang der Diskussion um die Neuen Medien wurde viel vom „offenen Kanal" oder „Bürgerkanal" gesprochen. Können Sie sich vorstellen, daß speziell Jugendliche Eigenproduktionen senden könnten?*

Dermühl: Das ist eigentlich ein Wunschtraum von mir, dieser „offene Kanal" vielleicht am amerikanischen Modell wie in New York oder San Francisco orientiert. Eine Möglichkeit, Talente zu entdecken und Programmneuerungen zu wagen. Es kann ja nicht Sinn von Massenmedien sein, auf die Dauer nur zu berieseln. Wir legen größten Wert auf „feed back" und haben auch schon mal im Kleinen versucht, bestimmten Gruppierungen, seien es nun Jugendliche, Rocker, Schwule oder Frauenbewegungen Programm machen zu lassen. Das hängt aber alles vom Budget ab.

Köhler: *Eine Super-8-Eigenproduktion wäre billig*

Dermühl: Wir produzieren hier EB, das heißt electronic broadcasting. Da ist es notwendig mit dem entsprechenden Equipment vor Ort zu gehen, um überhaupt einen Film machen zu können. Das Umkopieren von Super-8 auf Dreiviertel-Zoll führt zu Qualitätsverlust.

Köhler: *Aber warum denn nicht ein Nachmittagsprogramm für Jugendliche mir originären Produktionen?*

Dermühl: Mir wäre das viel lieber als aufgekauftes Material, das im Grunde nur Berieselung bedeutet. Die alten Serien zum x-ten Mal zeigen, das kann nicht Sinn der Neuen Medien sein, sonst sind die Neuen Medien die alten, das heißt die uralten. Aus diesem Grund wäre es mir viel lieber, würde da originär produziert. Aber da sind wir wieder beim „offenen Kanal", bei den Gruppen, die sich engagieren wollen, die Talent haben für eine spätere Verwendung bei uns.

Köhler: *Was würden Sie aufgrund Ihrer Erfahrung einem Jugendlichen raten, der einige Super-8-Filme gedreht hat und nun Filmemacher werden will. Den praktischen Weg, also bei einer Sendeanstalt oder einem Kopierwerk unten anzufangen oder die Ausbildung an einer Filmhochschule?*

Dermühl: Sowohl als auch. Sicherlich hat der eher wissenschaftliche Unterbau an der Hochschule für Fernsehen und Film (HFF) seinen Sinn, aber auch seinen großartigen Unsinn. Es gibt eine Reihe von berühmten Regisseuren, die auf dem Praxisweg Karriere gemacht haben, ihre Fähigkeiten entwickeln konnten. Aber das ist ein harter Weg. Wer heute glaubt, er könne mit einem abgeschlossenen HFF-Studium und nichts anderem in das große Geschäft einsteigen, täuscht sich maßlos. Es empfiehlt sich die Zweigleisigkeit in der Ausbildung. Im Rahmen der Film- und Fernsehausbildung an unseren Hochschulen liegt vieles im Argen, wir können nicht mit der Qualität unserer europäischen Nachbarn in Frankreich, Großbritannien oder Italien konkurrieren. Der Markt ist bei uns auch zu knapp und zu klein. Ein paar wenige sind bei uns schon fast monopolistisch tätig für die öffentlich-rechtlichen Anstalten oder für einen internationalen Produzenten.

Köhler: *Also generell Hochschulausbildung und in die Praxis reinschnuppern?*

Dermühl: Genau. Es ist aber ein harter und keinesfalls bequemer Weg. Es heißt viel Erfahrung sammeln, das ist Gold wert.

Köhler: *Würden Sie einen Jugendlichen ermuntern, Filmemacher zu werden oder konsequent abraten?*

Dermühl: Für jemanden, der in Deutschland arbeiten will, sehe ich schwarz, der deutsche Markt gibt kaum etwas her. Es gibt hochqualifizierte Leute, die bei uns kein Bein an die Erde bekommen. Insofern wäre es besser, ins Ausland zu gehen. Im europäischen Ausland sehe ich da noch Möglichkeiten. Man muß nicht unbedingt in die USA gehen, obwohl dort die Arbeitsweise wesentlich rigoroser ist, natürlaich profitorientiert. Die Kunst steht da zurück vor dem klaren Ziel – auch im Dokumentarbereich – Geld zu verdienen.

Köhler: *Wenn es um Geld geht und nicht um künstlerische Aspekte oder Selbstverwirklichung, ist der deutsche Filmemacher im Ausland besser aufgehoben?*

Dermühl: Ja, ich würde erst mal Europa empfehlen, Italien, Frankreich, Großbritannien.

Erfahrungsberichte „Filmemachen als Studium/Beruf"

Wenn einmal im Jahr die „Oscars" vergeben werden, die höchste Auszeichnung im Filmbusiness, strahlt Hollywood im alten Glanz: doch das Klischee von der Glitter- und Glamourwelt zeigt Risse, wenn man hinter die Kulissen schaut. Nur wenigen gelingt der Durchbruch ins Rampenlicht. Für viele bleibt Hollywood „Endstation Sehnsucht". Statt Ruhm gibt es Enttäuschung, der Weg zur Spitze ist mühsam.

Auch bei uns ist das Filmgeschäft eine harte Sache, bei dem Illusionen auf der Strecke bleiben. Der Hürdenlauf, um das Geld für eine Produktion zu bekommen, dämpft den Elan, Regisseure schreiben aus Kostengründen oft ihre Drehbücher selbst, es wird gespart. Ist der Film dann endlich fertig, gibt es kaum Möglichkeiten ihn ins Kino zu bringen. Die „Major Companies", die großen Firmen aus den USA, halten den Daumen auf den Abspielstätten, verkaufen ihre oft seichten Streifen als Gesamtpaket an die Kinobesitzer, die den deutschen Film dann als Lückenfüller im kinounfreundlichen Sommer benutzen. Läuft der Film endlich, mangelt es an Zuschauern. Den deutschen Verleihern fehlt es an den Finanzen, um eine riesige Werbekampagne wie die amerikanischen Verleihe zu starten. Der Zuschauer – an aufwendige Hollywood-Spektakel mit Special Effects gewöhnt – zeigt dem deutschen Film dann die kalte Schulter. Und trotzdem übt das Medium Film weiterhin seine Faszination auf Jung und Alt aus. In den folgenden Gesprächen haben wir Absolventen der Münchner Filmhochschule, „alte Hasen" und Anfänger über ihre Ausbildung, über ihre Erfahrungen in der „Haifischbranche" gefragt, über ihre Wünsche und Träume. Trotz aller Schwierigkeiten sind sie zumeist entschlossen „durchzuhalten", hart zu arbeiten, auf Freizeit und sicheres Gehalt zu verzichten, um Filme zu machen. Und – das ist das Ermutigende – wer die Zähne zusammenbeißt, wer's wirklich will, der schafft's (vielleicht) ...

Trotz Durststrecke: „Ich bin wild entschlossen, durchzuhalten"

Gespräch mit Ute Wieland, 28, Absolventin der Hochschule für Fernsehen und Film (HFF), freie Filmemacherin

Köhler: *Du hast 1985 die HFF absolviert, dein Abschlußfilm „Tango im Bauch" lief im Programm der ARD. Klappt alles so, wie Du es Dir vorgestellt hat, oder ist es schwieriger in den Beruf einzusteigen?*

Wieland: Wenn man mit der Hochschule fertig ist, ist es natürlich schwierig, den Absprung zu finden, weil man als Anfänger gehandelt wird. Bei mir war es weniger kompliziert, weil ich mit meinem Abschlußfilm ein gutes Zeugnis in der Hand habe und gute Karten, weiterzumachen. Außerdem hatte ich das Glück, daß der Film vom Fernsehen mitproduziert wurde. Wenn ich nur einen Kurzfilm als Abschlußfilm gemacht hätte, kämen dann leicht die Bedenken, ob man mir einen abendfüllenden Spielfilm überhaupt zutraut. Einen langen Spielfilm zu drehen ist etwas völlig anderes, eine andere Dramaturgie, eine andere Kraftanstrengung beim Drehen und auch in der gesamten Nachbereitung. Von daher habe ich bewiesen, daß ich in der Lage bin, so etwas zu machen und hoffe, daß alles so gut weitergeht.

Köhler: *Du bist optimistisch für die Zukunft?*

Wieland: Ja. Ich weiß um die Schwierigkeiten, ich weiß, daß es jetzt erst mal heißt „Durchhalten". Es kann Jahre dauern, bis ich mein Geld mit Regie verdienen kann. Aber ich habe mich darauf eingestellt, ich bin wild entschlossen, durchzuhalten. Ich weiß auch, daß es nicht nur um Talent und Begabung geht. 50 Prozent sind Disziplin und Durchhalten, Fleiß und immer wieder Nichtaufgeben.

Köhler: *Also sich durchbeißen, sagen, ich will da durch?*

Wieland: Auf jeden Fall. Die Konkurrenz ist wahnsinnig groß. Man muß Geduld beweisen und viel Kraft aufwenden. Wenn man dazu nicht bereit ist, gibt es einfachere Mittel, einen Beruf zu ergreifen.

Köhler: *Du willst auf jeden Fall Regie machen?*

Wieland: Ja, auf jeden Fall. Ich werde jetzt aber auch selbst schreiben. Aber ich stehe nicht auf dem Standpunkt, daß man immer die eigenen Bücher verfilmen sollte. Nur in meiner Situation ist es einfacher, eine Regie mit einem eigenen Buch zu bekommen als das Angebot einer Fremdregie. Und das Schreiben macht mir auch noch Spaß.

Köhler: *Du hast vor deiner Ausbildung an der HFF eine Fotografenlehre gemacht und beim Fernsehen gejobt. Was würdest Du einem Jugendlichen empfehlen, der Filmemacher werden will?*

Wieland: Ich würde immer wieder versuchen, auf die Filmhochschule zu kommen. Dort hat man sehr gute Möglichkeiten, eigene Filme zu machen, man wird in keiner Weise inhaltlich beschnitten. In einem Zeitraum von vier Jahren kann man viel ausprobieren, erhält im beschränktem Maße Möglichkeiten zur Realisierung. Ich habe während des Studiums eine kleine Übung gedreht, zwei Kurzfilme und meinen Abschlußfilm. Filme, die ich unter wirtschaftlich freien Bedingungen wohl nicht hätte machen können. Der zweite Grund für die Hochschule ist der Kontakt zu Produzenten, Regisseuren, zu allen möglichen Leuten in der Filmbranche. Man kann ehemalige Filmhochschüler, die als Lehrkräfte eingesetzt werden, aus der Nähe beschnuppern, mit ihnen zusammen arbeiten. Es ist eine tolle Möglichkeit, Leute kennenzulernen. Außerdem gibt die Hochschule die Möglichkeit, sich in verschiedenen Funktionen ausbilden zu lassen. Ich kann Ton oder Kamera versuchen, erhalte eine sehr solide technische Grundausbildung, Einblick in Filmanalyse, Filmgeschichte, Kommunikationswissenschaften. Die praktisch-technische Ausbildung halte ich für sehr wichtig, denn als Regisseurin muß ich auch die Probleme kennen, mit denen sich Ton- oder Kameramann, Requisiteur oder Aufnahmeleiter herumschlagen. Geht man den praktischen Weg über Fernsehproduktionen, kann man zwar auch in den Beruf hineinkommen, aber es ist schwieriger und kann länger dauern bis man da ist, wo man sein möchte. Sinnvoll ist dieser Weg vielleicht für jemanden, der in die Produktion gehen will, oder auch für einen Kameramann, der eine Fotoausbildung gemacht hat und als Kameraassistent anfängt. Aber wenn jemand Regie machen will oder Drehbuchschreiben, ist es weniger sinnvoll über den Praxisweg.

Köhler: *Was ist die Hauptschwierigkeit beim Filmemachen?*

Wieland: Das Stadium der Finanzierung, das Auftreiben von Geldern. Du mußt einen Fernsehredakteur oder Produzenten finden, der das macht, das ist eine langwierige und frustrierende, nervenaufreibende Prozedur. Wenn das Geld einmal da ist, geht's wieder aufwärts.

Köhler: *Was würdest Du jemandem raten, der fragt soll ich Filmemacher werden oder etwas anderes studieren?*

Wieland: Ich hätte mir nie abraten lassen. Man muß sich einfach selber fragen, ob man bereit ist, Durststrecken zu überwinden, schwierige Phasen durchzuhalten. Man muß sich darüber klar sein, daß man schnell wieder „unten" sein kann, selbst nach einem Erfolg. Notwendig sind vor allem Begeisterung und eine Portion Kraft und – natürlich – die Freunde, um immer wieder weiterzumachen. Reich wird man mit Filmemachen nicht in Deutschland.

●

Nach Süddeutschland, weil „da das Geld ist"

Adalbert Fahrenhorst, 23, begann in der 11. Klasse mit eigenen Super-8-Filmen, inzwischen versucht er Filmemachen als Beruf.

„Den ‚Klick' zum Filmemachen bekam ich bei ‚Nosferatu' von Werner Herzog. Beim 1. Schülerfilmfestival wurde mein erster eigener Super-8-Film ‚Freiheit 1982' gezeigt und dann arbeitete ich 2½ Jahre als Praktikant bei einem Filmproduzenten und freien Kameramann in Hannover. Was das bedeutet, begreift in voller Tragweite nur derjenige, der schon mal in einem weltabgeschiedenen Atelier an zwei Tagen und Nächten hintereinander eine Armee von Salatpackungen auf Beinen animiert, sprich in Bewegung gesetzt hat ... Oder die Erfahrung, daß das Fernsehen am Sonntagmorgen um sechs Uhr genau dann ein Kamerateam braucht, wenn du gerade die kiloschwere Ausrüstung aus dem Auto geladen hast. Kurz vor meinem Umzug nach Berlin drehe ich noch mit der Medienwerkstatt linden den Videofilm ‚Chaos Tag 1984' über den alljährlichen

DAS HORROR CAMP

Erleben sie eine neue Dimension der Angst

Martin Godesar   Christoph Winnemöller   Michael Koslowski u.a.
in
Das Horrorcamp   Musik: John Williams   Special-Effect-
Assistent: Anton Mühl   Ton-Assistenz: Manfred Schmid
Ein Magnetton-Stereo-Film in Eastman-Color (C) 1982/83
Produktion und Regie: Wolfgang Nier

STEREO   **Super-8**   **WN**   Neustadt/Donau

Punktreff in Hannover, dem damals Polizei und rechte Schlägertruppen den Garaus machten. In Berlin geht's dann mit Elan in die Aula der Staatlichen Fachschule für Optik und Fototechnik, wo ich nach bestandener Aufnahmeprüfung zu studieren trachte. Um nach zwei Jahren in den Besitz des Scheins ‚Staatlich geprüfter Kamera-Assistent' zu kommen, heißt es ganz von vorne anfangen, im Keller Negative entwickeln und obskure fotochemische Formeln zu pauken. Im ersten Semester läuft ein strenger Schulbetrieb mit Mathematik, Physik, Chemie und zwei Stunden Gestaltung, in denen Gelegenheit ist zum Gespräch mit den Mitschülern, einer bunten Mischung verschiedener Alters- und Interessengruppen. Viele haben ein halbes Jahr beim Fernsehen Kabel geschleppt, wenige engagieren sich als Filmemacher. Wichtig scheint der ‚Schein' zum Geldverdienen. Nur zwei Frauen haben einen der begehrten Studienplätze bekommen, die Männerdomäne Film- und Fernsehtechnik kriegt Risse.
Kurz vor Ende des Semesters bin ich bedient und schleiche zur Zentralen Film- und Fernsehvermittlung des Arbeitsamtes. Dort empfängt mich Verständnis für den Schulabbruch, die Aussicht auf einen Karteiplatz hinter 50 anderen und der Rat, nach Süddeutschland zu gehen, weil ‚da das Geld ist'.
Zeit also, sich selbst einen Weg durch den Großstadtdschungel zu bahnen, zuerst eine Einladung zum Vorstellungsgespräch bei der ‚Projektgesellschaft für Kabelkommunikation', im Volksmund Kabelfernsehen genannt. Im Europacenter, 14. Obergeschoß, in grauem Anzug empfängt mich ein Herr am Ende eines langen Tisches sitzend und erklärt mir die Funktion eines „Medienassistenten", der neben der Studiokamera auch mal Besucherbetreuung oder die Disposition macht. Als ich, auf den Gehaltswunsch angesprochen, gleich mit ‚zwei-fünf' kontere, verzieht er keine Mine und erklärt, daß es am Anfang etwas darunter liegen könnte.
Eine kurze Einlage als Kopierer bringt mich in eine der größten Kopieranstalten im Lande, wo die amerikanischen Dallas-Bänder für deutsche Fernseher überspielt werden und auf Knopfdruck 200 Videorecorder in einem Raum gleichzeitig ‚click' machen, wenn im 8-Schicht-Betrieb Kinofilme für Videotheken überspielt werden. Unter deinen Händen wird es immer kleiner, elektronischer, verzwickter, und du hast Mühe, diese Geister bändigen zu können, dir die neuesten Informationen zu beschaffen, von geeigneten Aus- und

SF-FILMS präsentiert:

KOBRA

MISSION IM ALL

„Sie kämpfen, um zu überleben ... irgendwo, zwischen den Sternen."

MIT **SABINE NAGEL, CLAUS KÖNIG**
UND **ROBERT GSÖDL**
Eine SF-Films Produktion · In weiteren Rollen: MAX KÄSER, ANJA KÖNIG,
BEATRIX MATTERNE und HERMANN GEBERT als SYDON

Drehbuch und Regie: Claus König · Produktionsleitung: Robert Gsödl
Aufnahmeleitung: Hermann Gebert · Musik: Glen A. Larson / John Williams
Tricktechnische Leitung: Claus König · Aufgenommen in AGFAcolor

Printed in Germany

Fortbildungsstätten ganz zu schweigen. In Berlin sind da nur die Hochschule der Künste, Fachrichtung Kommunikationsgestaltung, und die Film- und Fernsehakademie vorgesehen, beide ständig überbelegt und auch überfordert angesichts des Bedarfs an ‚Medientechnikern'.
Für mich heißt Filmemacher auch erstmal Filme machen, ‚low-budget' oder ‚no-budget', wichtig ist, was vor und hinter der Kamera ist, der Rest bleibt Arbeit."

●

Geduld und gute Nerven – danach kommt das Talent

Michael Houben, 22, drehte als Schüler mit Super-8 mehrere Spiel-, Experimental- und Dokumentarfilme. Nach dem Abitur stieg er in die „professionelle Filmszene" ein.

„Warum ich gerade Filme machen will? – Vor allem wohl, weil kaum eine andere Beschäftigung mir in den letzten sieben Jahren so viel Spaß gemacht hat, zumindest keine, aus der man einen Beruf machen kann.
Vor knapp zwei Jahren saß ich dann vor der Prüfungskommission der Münchner Filmhochschule und gehörte zu den 31 der 40, die wieder nach Hause geschickt wurden. Da mir vor und nach diesem Erlebnis schon mehrmals geraten worden war, auf anderem Weg den Einstieg zu versuchen (‚Praxis Junge, Praxis!') verzichtete ich auf einen zweiten Anlauf und probierte es auf gleich zwei andere Arten.
Ende 1984 gründete ich eine Firma (die ‚Low level filmproduktion') und erhielt dazu ein Firmengründungsdarlehen über DM 30000,–. Das sollte, zusammen mit Angespartem, dazu dienen, eine Grundausrüstung für 16mm-Film zu kaufen (Kamera und Schneidetisch) und ein 70-minütiges Spielfilmprojekt zu realisieren. Vorweggenommen sei, daß das Ganze inzwischen 10000,– DM teuer geworden ist.
Zweitens begann ich Anfang 1985 ein dreimonatiges Praktikum bei der Bavaria, das mir die Chance bot, den Ablauf einer Produktion von Innen kennenzulernen. Das hätte mich wohl nach einem weite-

ren Jahr zweiter Aufnahmeleiter werden lassen, doch lernte ich im Frühjahr den Produktionsleiter der ‚Geissendörfer Film- und Fernsehproduktion' kennen, was dazu führte, daß ich im Juli nach Köln ging. Dort arbeitete ich dann als Fahrer und (vor allem in der Vorbereitungsphase) als Assistent der Aufnahmeleitung für die ARD-Serie ‚Lindenstraße', was natürlich auch besser bezahlt wurde als das Bavaria-Praktikum.

Doch dazwischen lagen die Dreharbeiten zu meinem eigenen Filmprojekt, die im Juli 1985 begannen und dank einiger Pannen bis Ende des Jahres dauerten. Vor allem behinderte uns das Wetter und die Geldknappheit. Auch wenn alle Leute umsonst arbeiten, sollte man genau rechnen und viel Unvorhergesehenes einkalkulieren. Von Autopannen angefangen, über mehr Materialverbrauch, bis hin zu unzähligen Fünfzigmarkscheinen für Leute, die einem einen Gefallen getan haben. Mit 16mm ist kaum noch was umsonst.

Meine Erfahrungen bei der ‚Lindenstraße'? Nun, die Serie hatte für jeden Beteiligten wohl nur einen Sinn, Geldverdienen. So wurde das Betriebsklima mit der Zeit immer unangenehmer. Kein Teammitglied bekam die Folgen vor der Ausstrahlung zu sehen, das hätte wohl auch nur mehr Ärger gegeben, denn eine Glanzleistung ist sie ja nun wirklich nicht. Meine wichtigste Erfahrung: Egal, wie ‚nett' und ‚gut Freund' jeder ist, Intrigen gehören zum Alltag, jeder ist ein großer Selbstdarsteller und man sitzt schneller zwischen zwei Stühlen als man ahnt. So endete meine Beschäftigung dort rascher als geplant Ende 1985, doch mit meinem eigenen Film war ich inzwischen so weit vorangekommen, daß ich mich intensiv um den Feinschnitt kümmern konnte.

Nach Abschluß heißt es dann, einen Interessenten zu finden. Da der Film ohne jede Förderung oder Auftrag gedreht wurde, muß ich mich mit einer Videokopie von Fernsehredaktion zu Fernsehredaktion, von Festivaljury zu Kinoverleihern tingeln und versuchen, jemanden dafür zu interessieren. Es wird schwierig ... Inzwischen ernähre ich mich von Tätigkeiten als Kameraassistent und Cutter bei kleinen Features, die von unabhängigen Firmen fürs Fernsehen produziert werden.

Wer Filme machen will, braucht einen kleinen Magen, Geduld und gute Nerven – von Talent wird erst als zweites geredet."

„Von Ideen allein kann man nicht leben!"

Gespräch mit Christian Weisenborn, 37, Absolvent der Hochschule für Fernsehen und Film (HFF), freier Filmemacher

Köhler: *Du bist Absolvent der HFF, arbeitest seit Jahren als freier Dokumentarfilmer, wie wird man das?*

Weisenborn: Ich habe schon während meines Studiums an der HFF 1970–74 im dokumentarischen Bereich gearbeitet und im Bereich künstlerische Produktion im Fernsehen, den es damals noch gab. Zwar habe ich an der HFF auch Spielfilm gemacht, aber mein Hauptinteresse galt dem politischen Dokumentarfilm.

Köhler: *Wie waren Deine Erfahrungen im „freien" Berufsleben?*

Weisenborn: Beim Bayerischen Fernsehen habe ich anfangs etwas Geld verdient als freier Mitarbeiter von Magazinbeiträgen. Als ich 1974 von der HFF kam, gab es noch große Vorbehalte gegenüber den Absolventen. Die Leute, die aus der Praxis kamen, schätzten uns nicht besonders. Wir waren auch stark von den damaligen Sensibilisten beeinflußt und produzierten ziemlich langweilige Filme.

Köhler: *Würdest Du trotzdem ein Studium an der HFF empfehlen?*

Weisenborn: Auf jeden Fall. Es wird zwar auch viel Ballast gelehrt, den man vergessen kann. Aber wichtig ist die Technik, die Praxis des Filmemachens. Und in den acht Semestern bekommst du praktische Erfahrung, die du sonst nur für viel Geld kaufen kannst. Ich würde auf jeden Fall die HFF wieder absolvieren.

Köhler: *Würdest Du einem Schüler ein Studium an einer Hochschule raten und dann in die Praxis oder würdest Du sagen, kopfüber in die Praxis?*

Weisenborn: Ich würde jedem raten von der Schulbank erst einmal in die Praxis hineinzuschnuppern und dann zur Hochschule zu gehen. Erst einmal beweisen, ob man sich wirklich durchbeißen will. Er sollte versuchen bei einer Fernsehproduktion unterzukommen, sei es als Fahrer, Requisiteur oder als Aufnahmeleiter den Weg gehen. Gerade der Aufnahmeleiter ist immer an allem schuld, ist der

„Produktionsarsch". Wer diese harte Probe besteht, sammelt Erfahrung und hat dann das Rüstzeug für die HFF. Ein bis zwei Jahre Praxis auf dem Buckel und die Filmhochschule halte ich für eine gute Kombination.

Köhler: *Würdest Du empfehlen als „freier" Filmemacher zu arbeiten oder einen festen Posten beim Fernsehen ins Auge zu fassen?*

Weisenborn: Ich plädiere für den härteren Weg des Filmemachers. Innerhalb der Fernsehanstalten sind die Strukturen festgefahren. Der Beamtenapparat tötet die konstruktive Naivität, die gerade für einen Anfänger wichtig ist. Sehr schnell gerät man dann in die Leidensrolle als Redakteur ...

Köhler: *Und wie sieht's für einen „Freien" mit den Finanzen aus?*

Weisenborn: Deshalb halte ich für einen freien Filmemacher die Filmhochschule so notwendig. Du hast die Möglichkeit alle Bereiche zu erlernen. Du arbeitest als Tonmann, Kameramann, Aufnahmeleiter oder Cutter und lernst so, später, wenn es auf jeden Pfennig ankommt, Fehler zu vermeiden. Das heißt also auch Geld sparen, weil man viel selber machen kann.

Köhler: *Kann man sich bei schlechter Auftragslage mit solchen Tätigkeiten über Wasser halten?*

Weisenborn: Ja. Du kannst immer mal bei einer anderen Produktion einspringen.

Köhler: *Machst Du Filme nach Auftrag oder auf eigene Kappe?*

Weisenborn: Die langen Dokumentarfilme habe ich eigentlich immer vorproduziert.

Köhler: *Was heißt „vorproduziert"?*

Weisenborn: Das heißt ich habe eine Idee und fange an zu drehen. Dann muß ich schon mal bei einer Langzeitbeobachtung 25 000 Mark investieren. Dann biete ich das Projekt den Fernsehanstalten an.

Köhler: *Klappt das immer?*

Weisenborn: Einmal habe ich Pech gehabt, da wurde mir eine Idee „geklaut".

Köhler: *Ist es nicht schwierig, als unabhängiger Filmemacher immer darauf zu spekulieren, daß die Fernsehanstalten die Idee gutfinden?*

Weisenborn: Schon, von Ideen allein kann man nicht leben. Man muß gute Ideen haben. Ich habe mich auf Ideen konzentriert, die das

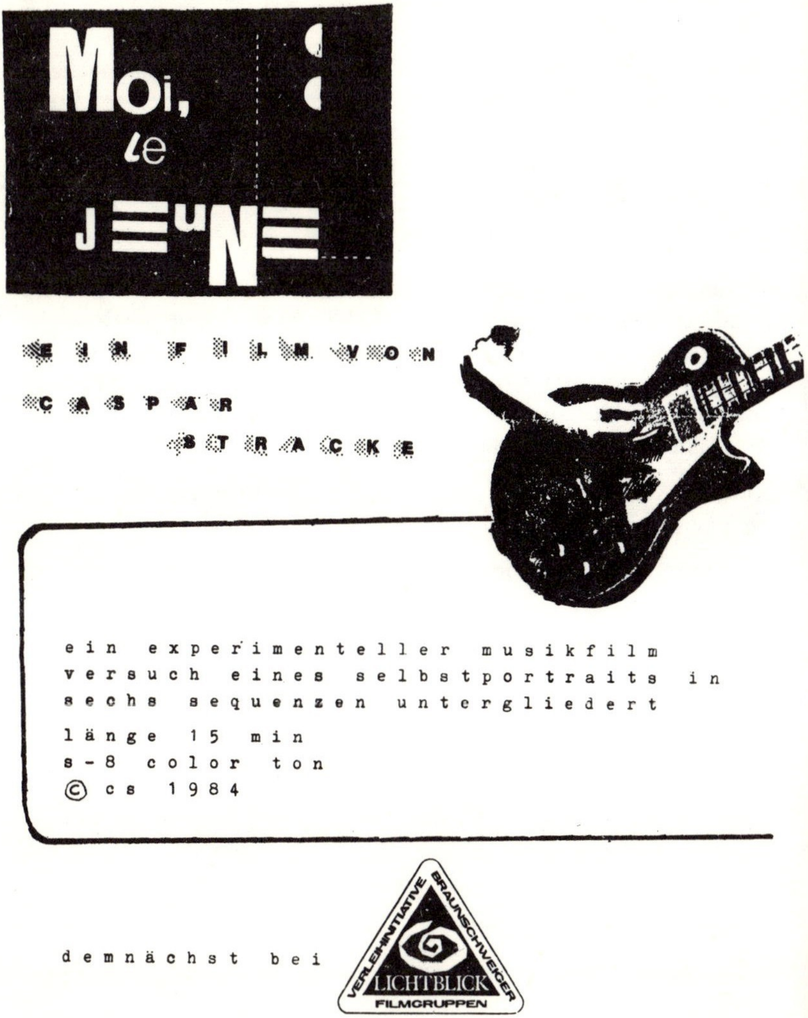

MOi, le JEuNE

EIN FILM VON
CASPAR
STRACKE

ein experimenteller musikfilm
versuch eines selbstportraits in
sechs sequenzen untergliedert
länge 15 min
s-8 color ton
© cs 1984

demnächst bei VERLEIHINITIATIVE BRAUNSCHWEIGER LICHTBLICK FILMGRUPPEN

Fernsehen nicht machen kann, z. B. Langzeitbeobachtungen. Dafür ist der Anstaltenapparat zu schwerfällig. Ich habe aber auch Glück gehabt. Mit dem Geld, was bei Produktionen übrigblieb, habe ich mir dann nach und nach die Ausrüstung zusammengekauft: Kamera, Tongeräte, Schneidetisch. Das hat die Kosten reduziert, die bei so langen Geschichten anfallen. Mit ist es unheimlich wichtig, die Unabhängigkeit zu haben, morgen einen Film drehen zu können. Wenn's hart auf hart kommt, kann ich mit einem Stab von Leuten, guten Freunden, in zwei Stunden anfangen. In meiner unabhängigen Haut fühle ich mich wohl. Wenn der Film gut ist, kriege ich ihn auch los. Wichtig ist der „Kick", daß mehr dran ist als das übliche Fernseheinerlei. Und dann macht's auch Spaß, spontan einen Film anfangen zu können. Für einen Spielfilm mußt du erst zwei Jahre lang Geld auftreiben, mußt an irgendwelchen Türen anstehen. Dokumentarfilme sind billiger, es hängt mehr von mir ab, wann ich anfange zu drehen.

Köhler: *Nach all den langen Berufsjahren als freier Filmemacher: würdest Du das noch einmal machen?*

Weisenborn: Ja, ich kann mir gar nichts anderes vorstellen. Meine Arbeit macht mir Spaß.

●

Von einem der auszog, seinen Film zu verkaufen ...

Gespräch mit Wolfgang Ettlich, 38, freier Filmemacher

Köhler: *Du warst jahrelang fester-freier Mitarbeiter beim Jugendprogramm des Bayerischen Fernsehens, speziell bei der Sendung „Sagst was d'magst". Nun arbeitest Du als „Freier", das heißt Du mußt Deine Vorschläge anbieten und hoffen, daß ein Redakteur sie annimmt. Wie funktionierte das mit Deinem Film „... Irgendwie Power machen...", eine Langzeitbeobachtung über den Jugendlichen Oliver N.?*

Ettlich: Das war ziemlich schwierig und eine völlig neue Erfahrung für mich. Ich habe vier Jahre lang einen Jugendlichen während der Pubertät beobachtet und den Film vorfinanziert. Nach drei Jahren war der Film zu Dreiviertel fertig und dann ging's ans Verkaufen. Da ich lange beim Fernsehen gearbeitet habe, hatte ich Adressen, kannte jede Menge Jugendredakteure. Aber wenn Du dann anrufst und sagst, hör mal zu, ich habe hier ein Projekt, dann sind zwar alle sehr interessiert, also ein oder zwei sagen dann, schick mir doch mal den Film und schauen sich ihn an, aber kaufen ihn dann doch nicht. Da habe ich mir überlegt, ich muß jetzt weg von den Jugendredakteuren, muß andere Redakteure auftun. Da wird's schon schwierig, weil Du die gar nicht kennst. Ich habe mir dann einfach Adressen geben lassen und habe ständig angerufen. Bei Radio Bremen der Redakteur sagte locker, schick mal. Eine Antwort kam nicht. Dann habe ich es in Köln bei verschiedenen Redaktionen versucht, auch bei der Jugendredaktion vom WDR. Die haben dann gesagt, ist ja ganz nett, aber können wir nicht gebrauchen. Dann habe ich den für Kindersendungen zuständigen Redakteur angerufen und der sagte dann immer er meldet sich, er meldet sich, aber erreicht habe ich ihn nie. Dann bin ich zum Sender Freies Berlin (SFB) gefahren. Alles auf gut Glück und eigene Kosten. Der Herr Schneider vom SFB ließ sich dann den Film auch zeigen und fand ihn ganz gut, hätte ihn gerne genommen. Aber leider konnte er nur 40 000 Mark pro Film zahlen, das ist aber für einen 45-Minuten-Streifen zu wenig. Immer noch guten Mutes habe ich mir gesagt, macht nichts, versuche es halt beim ZDF und habe die Redaktion des Kleinen Fernsehspiels angerufen. Mit einer Mitarbeiterin habe ich dann in Abständen ungefähr ein Dreivierteljahr telefoniert, die dann immer wieder versicherte, „ich komme nach München". Aber wenn sie dann hier in der Stadt war, hat sie natürlich nie angerufen. Dafür habe ich dann wieder beim ZDF angerufen und so ging's dann immer im Kreis. Von den Telefonkosten möchte ich nicht reden. Die Dame hat sich zwar 1000mal entschuldigt, aber aus einer Sichtung wurde trotzdem nichts. Mein Versuch bei einem anderen ZDF-Redakteur scheiterte ebenfalls. Der war entweder immer im Schneideraum, auf Reisen oder in der Kantine. Dafür hatte ich mit der Sekretärin zum Schluß schon einen ganz persönlichen Kontakt ... den Redakteur habe ich nie erreicht. In deutschen Fernsehredaktionen heißt der Standardsatz: „ich rufe zurück, ich rufe zurück". Irgendwann bin ich dann ganz frech noch einmal zum WDR gefahren und habe meinen Film dem Werner Filmer auf den Schreibtisch gelegt, weil ich gehört hatte, der macht als einziger klassische Dokumentarfilme. Der hat sich den Film wirklich dann auch angeschaut. Nach etwa vier Wochen kam ein Brief, er fände meinen Film hochinteressant und wir sollten uns mal treffen. Es dauerte wieder ein halbes Jahr, ehe dann mal was kam. Inzwischen ist die Geschichte vertragsfertig. Aber ich erhalten nur 70 000 Mark, normalerweise kostet so ein Film als Auftragsproduktion 130 000 Mark. Aber als Freier stehst du im Regen. Pokern kann man da nicht. Wenn Du finanziell nicht ein „zweites Bein" hast, stehst Du ganz schön auf dem Schlauch. Wir haben uns dann weitgehend geeinigt, daß ich die Rechte für Österreich und die Schweiz bekomme und einige Beistellungen. Alles in allem ein mühsamer Weg.

Köhler: *Wie lang dauerte die Prozedur?*

Ettlich: Ungefähr ein Jahr.

Köhler: *Ist es generell schwierig, Filme mit Jugendthemen oder Dokumentarfilme zu verkaufen?*

Ettlich: Es ist grundsätzlich schwierig, Dokumentarfilme unterzubringen. Die Redakteure starren auf Einschaltquoten, stehen unter Druck und in Konkurrenzverhältnissen, daß sie Problemfilme nur ungern nehmen. Sensationsfilme ja, Problemfilme nein.

Köhler: *Was würdest Du einem Jugendlichen raten, der Filmemacher werden will?*

Ettlich: Voll optimistisch ran. Ich würde nicht von der Filmhochschule abraten, aber den praktischen Weg, den ich gegangen bin, also Aufnahmeleiter, Produktionsleiter von der Pike auf, würde ich empfehlen. Ich würde mich bei den Fernsehanstalten bewerben, Exposés schicken, fragen, ob ich hospitieren kann, denen die Bude einrennen.

Köhler: *Du hast ein Universitätsstudium und dann beim Bayerischen Fernsehen als Hospitant gearbeitet?*

Ettlich: Ja, das war damals Ende der siebziger Jahre auch schon ziemlich eng. Es läuft auch vieles über Beziehungen. Aber eigentlich kann ich jedem nur raten: Frech sein, in die Redaktionen gehen und fragen, fragen, fragen.

Am Dienstag, 25.9., und am Freitag, 28.9.

| D | F | W | 84 | ✕ | « | – | « | 2 | « |

Projekt 48 macht seine Drohung wahr
Panik
„Wir zeigen ihn!"

Beules Powershow

Showmaster Ralph Spohn als »BEULE«!

Außerdem:
- Luftballons im *Peppp* Lehrergang
- Versteckte Kamera: Ampel auf Schulgelände

Trubel wo?
Kino im Mehrzweckraum!
um 19.30 Uhr

mit
Astrid Blumenthal
Kati Franitza
Keren Albert
Cathrin Grund
Frank Zeitel
Stephan Przywara
Jörg Neumann
Stefan Winkler
Frank Weth
David Franitza
vielen Statisten

Power
Sketche

WICHTIG!   *Jubel*
Eintrittskarten für 1 Mark am
Videos Dienstag, 25.9, in der Europahalle

Köhler: *Würdest Du aufgrund Deiner Erfahrungen Eigenproduktionen von Jugendlichen im Fernsehen eine Chance geben?*

Ettlich: Ja. Aber nur wenige Sender trauen sich, die meisten scheuen das Risiko. Da geht's dann wieder um Einschaltquoten. Dabei könnte man leicht einen festen Sendeplatz im Nachmittagsprogramm einrichten, die Sender würden sogar Geld sparen und bräuchten nicht dauernd Wiederholungen zu senden.

●

Lust am Filmen: Alles auf eine Karte setzen!

Gespräch mit Lutz Konermann, 27, Absolvent der Hochschule für Fernsehen und Film (HFF), freier Filmemacher, Bundesfilmpreisträger 1983

Köhler: *Du hast 1983 für deinen Abschlußfilm an der HFF „Aufdermauer" einen Bundesfilmpreis bekommen, das Filmband in Gold für die Regie und ein Filmband in Silber für die Produktion von „Spätvorstellung", einem Kurzfilm. Wie fühlt man sich, wenn man als „Neuling" sofort solche Auszeichnungen erhält?*

Konermann: Unmittelbar danach fühlt man sich ganz toll und freut sich, daß die ganze Mühe für ein Projekt sich ausgezahlt hat. Außerdem hoffte ich, daß dadurch meine Startchancen ins Berufsleben verbessert und Finanzierungen erleichtert würden. Damals war ich sogar noch so verstiegen, anzunehmen, daß ein Produzent oder Fernsehproduzent mich ansprechen würde, um mit mir zusammen zu arbeiten. Doch inzwischen sind es schon drei Projekte, die nicht realisiert wurden. Die Begeisterung, die am Anfang da war, ist etwas abgebröckelt.

Köhler: *Wolltest Du bewußt freier Filmemacher werden?*

Konermann: Ja, wobei frei natürlich ein schwammiger Begriff ist. Das heißt nämlich auch die Freiheit von Aufträgen und finanziellen Mitteln, die die Produktion eines Films erfordert. Es gibt immer Abhängigkeiten, sei es von Fernsehanstalten oder von einem Produzenten. Unter frei schwebte mir jemand vor, der seine eigenen

Projekte auswählt, vielleicht die Drehbücher selbst schreibt, Regie führt und sich sogar noch an der Auswertung mit beteiligt, also den Weg des Films bis zum Publikum, bis ins Kino zu begleiten, kurz: von der ersten Idee bis zur Projektion.

Köhler: *Einen Schritt hast Du ja vollzogen mit der Gründung eines Verleihs*

Konermann: Wir haben uns zu einer Verleihinitiative zusammengeschlossen, sieben unabhängige Filmemacher. „Der andere Blick", so heißt der Verleih, existiert seit Märzt 1986. Wir haben ein Filmpaket zusammengestellt, das noch in diesem Jahr auf Tournee gehen soll. Die Gründung entstand aus der Not heraus, unsere Filme ins Kino bringen zu wollen. Durch diesen Versuch wollen wir auch zeigen, daß es möglich ist, durch Zusammenschluß, durch Solidarität von Leuten in der gleichen Situation Erfahrungen zu sammeln, auf die wir dann bei weiteren Produktionen aufbauen können.

Köhler: *Du hast Deinen neuen Spielfilm „Schwarz und ohne Zucker" vorfinanziert. Wie kommt man an Gelder?*

Konermann: Ja, ich bin bei diesem Kinospielfilm Produzent und Filmemacher. Da ich keinen Produzenten fand, habe ich die Sache selbst in die Hand genommen und in kurzer Zeit Gelder zusammengetrommelt. Ich wollte das Projekt nicht abblasen und entschloß mich, auf eigenes Risiko zu produzieren.

Köhler: *Warum hast Du keine öffentliche Förderung beantragt?*

Konermann: Bis Du die Gelder von Gremien oder Institutionen hast, vergehen für einen Spielfilm ein oder mehrere Jahre. Ein Spielfilm kostet auch bei uns zwischen einer halben und zwei Millionen Mark, angenommen jeder Mitarbeiter erhält ein entsprechendes Entgelt. Da dauert es lange, bis Du jemanden überzeugst, das Geld freizumachen.

Köhler: *Wie hast Du jetzt finanziert?*

Konermann: Ich habe meine Produktionskosten an der unteren Grenze gehalten, Team und Darsteller waren bereit, erst einmal auf einen Großteil ihrer Gagen zu verzichten. Die restlichen Produktionskosten habe ich zum Teil durch Vorabverkauf, Lizenzverkauf ans Fernsehen, durch private Sponsoren, zum größten Teil aber auch durch Aufnahme von Privatkrediten zusammengesucht. Ich wollte den Film unbedingt machen und mir nicht die Lust durch Warterei auf dem Förderungskarussel nehmen lassen.

Köhler: *Du ziehst es also vor, Dich selbst um die Finanzen zu kümmern als den Instanzenweg der öffentlichen Förderung zu gehen?*

Konermann: Das ist bestimmt nicht meine Botschaft. Ich habe aus einer persönlichen Notsituation heraus so entschieden. Dafür muß ich auch die Konsequenz tragen, d. h. ich muß mich darum kümmern, daß sich die Risikosumme, mit der ich eingestiegen bin, rentiert, vielleicht durch Verkäufe an ausländische Fernsehanstalten aber auch bei uns an der Kinokasse. Das ist eine Belastung, die einer Fortentwicklung in Richtung Regie nicht unbedingt zuträglich ist. Das legt mich zeitweise lahm.

Köhler: *Wie hoch war Dein Eigenanteil?*

Konermann: Mein Eigenanteil beläuft sich auf rund 150 000 Mark. Es sind Bankkredite, ich habe mein Erbteil eingesetzt. Meine Eltern haben mir dies ermöglicht und ich bin sehr dankbar dafür. Aber so etwas geht nur einmal, es ist eine einmalige Erfahrung.

Köhler: *Möchtest Du noch einmal mit diesen negativen Erfahrungen einen Film produzieren?*

Konermann: Ich glaube nicht, nein. Mein Abschlußfilm war ein Kritikererfolg, aber ich wollte dann einen Kinofilm machen. Und nach drei Jahren Warten auf Fördermittel für andere Projekte, mußte ich alles auf diese letzte Karte setzen, einen Film nach meinen Vorstellungen zu produzieren. Wenn der Film nicht die Beachtung findet, daß es für nächste Projekte einfacher ist, Geld aufzutreiben, dann ist es offenbar eine Illusion zu glauben, in diesem Gewerbe eine Existenzgrundlage zu finden. Ich resigniere nicht, ich war erfolgreich was die Anerkennung angeht, aber bescheiden bei der finanziellen Ausbeute.

Köhler: *Welchen Weg würdest Du zum Filmemacher empfehlen, den praktischen Weg oder die Ausbildung an einer Filmhochschule?*

Konermann: Wenn man davon ausgeht, während seiner Ausbildungszeit einen Überblick über sämtliche Bereiche zu erhalten und vom ersten bis zum letzten Produktionsschritt alles zu erarbeiten, bilden die Filmhochschulen am besten aus. Inwieweit das fürs Geldverdienen nützlich oder sinnvoll ist, ist eine andere Frage. Ich kann mir vorstellen, daß man in vier Jahren eine Produktionskarriere machen kann. Anders sieht es bei der Regiekarriere aus, die beim Skript anfängt und über die Regieassistenz zum Sprung in die Regie gelingen kann. Da wäre ich vorsichtiger mit meiner Einschätzung. An der Hochschule kann man in vier Jahren immerhin schon abendfüllende Filme machen.

Köhler: *Also doch die Hochschule?*

Konermann: Wenn ich die Filmklassen an den verschiedenen Hochschulen und Akademien nicht mitrechne, bilden allein die Filmhochschulen in Berlin und München pro Jahr 60 Absolventen aus für einen Markt, der mehr als gesättigt ist. Daher müßte ich die Tendenz verdammen, Absolventen für ein Berufsleben auszubilden, in dem es keine Stellen gibt. Wenn ich diese Bedenken wegschiebe, würde ich aber sagen, jeder soll die Chance wahrnehmen, die sich ihm bietet. Und wer die Begabung hat, sollte an die Schulen gehen, sich mit Talent und Energie das Beste aus so einer Ausbildung herauspicken. Er darf sich nur nicht wundern, wenn er als einer unter 500 Bewerbern pro Jahr und Schule nicht aufgenommen wird. Er soll es das nächste oder übernächste Jahr noch einmal versuchen. Auf keinen Fall aber untätig in der Ecke sitzen. Er sollte im Umfeld der Hochschule versuchen, einen Job zu bekommen, sich bei Produktionen beteiligen oder über ein Kopierwerkspraktikum, über eine Materialassistenz oder Kamerassistenz versuchen, so viel wie möglich zu lernen. Und wenn er als Produktionsfahrer anfängt, das schadet nicht. Das kann ja alles parallel zur Bewerbung an einer Hochschule laufen. Ich bin mit 19 Jahren aufgenommen worden, das ist sehr jung, vielleicht zu jung. Ich hatte überhaupt keine Ahnung, was es für Jobs gibt, ich wußte überhaupt nicht, was es für Berufe am Rande der Regie gibt. Über die Praxis erhält man vielleicht einen viel klareren Einblick über die Sparten, die das Berufsleben bietet. Das erleichtert die Entscheidung für die Zukunft.

Köhler: *Würdest Du nach all deinen Erfahrungen jemanden über-*
haupt empfehlen, freier oder unabhängiger Filmemacher zu werden?

Konermann: Das ist so eine Frage, ob ich jemandem empfehlen kann
katholischer Geistlicher zu werden oder Kunstmaler. Es muß einem
Bedürfnis entsprechen. Wenn man das hat, kann ich das nur fördern.
Und Mut wünschen, sich all den Widerständen zu widersetzen. Es ist
nicht einfach. Es riecht verdammt nach Ruhm und Reichtum, aber in
Wirklichkeit ist es ein steiniger Weg.

●

Abgesehen von einem Apfel, einem Fernseher und einem Auto ist bei den Dreharbeiten zu diesem Film fast nichts beschädigt worden. Das Auto wurde uns von einem
freundlichen Gönner zur Verfügung gestellt, der Fernseher fiel einem plötzlichen und
unvorhergesehenen Regenguß während der Dreharbeiten zum Opfer. Kamera selbst-
gemacht, Regie improvisiert und TON (wir danken dem Fernsehen für seine freundli-
che Unterstützung) nachsynchronisiert.
(Christian Lutterbeck)

in den Anfängen

später

Bello Bär - die Entwicklung einer Zeichentrickfigur

Unser letzter gemeinsamer Super-8-Film hieß „Würger-Schling", ein neuer Bärenfilm von ganz besonderer Bissigkeit, der in dreimonatiger Arbeit entstanden ist.

Inhalt: Eine Persiflage auf die Schnellimbißkette „Burger king". Bello, vom Hunger getrieben, wird von dem magisch wirkenden „Würger-Schling-Neonschuppen" angezogen. Doch das, was sich dort an schwammig-gummiartigen Gemansche präsentiert, will Bellos Gaumen nicht erfreuen …

(Jörn und Ulf Staeger)

„Es geht um einen Jungen, der an einem schweren Problem leidet. Er ist verklemmt, weswegen es ihm unmöglich ist, mit Mädchen Kontakte zu schließen.
Seine sexuellen Triebe befriedigt er durch Betrachten von Pornoheften und Voyeurismus, doch die Einsamkeit macht ihm schwer zu schaffen. Im Traum erscheinen ihm Liebespaare und Feen, die er nicht erreichen kann. Eines Tages macht er trotzdem zufällig Bekanntschaft mit einem Mädchen, woraus sich eine echte, allerdings etwas einseitige Zuneigung entwickelt. Die Hemmungen des Jungen verhindern, seine Liebe unter Beweis zu stellen, woraufhin ihn das Mädchen enttäuscht verläßt ...
Die Dreharbeiten zogen sich über fast ein halbes Jahr hin, weswegen wir zeitweilig im Sommer mit Winterkleidung herumlaufen mußten".
(Eduardo Alonso)

OZEAN ROT (Super-8, Farbe, 15 Min.)
Ein Versuch der Annäherung an ein zu Vergangenheit gewordenes Spielzeugschiff.
Eine Auseinandersetzung mit der Weite des Ozeans.
(Jörg Länger und Thomas Gabriel)

Literatur-Auswahl

Bücher

Bänninger, Adrian: Die Videomacher. Praxis der Videogestaltung (hg. von Anne Beelitz). Verlagsgesellschaft Schulfernsehen, Köln 1984

Das Buch folgt im Aufbau der Fernsehreihe „Die Videomacher", es gibt Anregungen und praktische Hilfen. Wichtige Textpassagen werden durch kommentierende Fotos, schwierige Fachausdrücke in einem eigenen Stichwortteil erläutert.

Bawden, Liz-Anne (Hg.): rororo Filmlexikon (Edition der deutschen Ausgabe von Wolfram Tichy), Bd. 1–6. Rowohlt Taschenbuch Verlag, Reinbek bei Hamburg 1978

Dieses Lexikon erfaßt in 3000 Stichwortartikeln das Medium Film als Kunstform und Unterhaltungsware, als Technologie und Industrie. Die Bände 1–3 behandeln etwa 800 Filme, Bewegungen, Stile und Genres, Produktionsfirmen und Filmländer, technische Entwicklungen und Verfahren, gesellschaftspolitische Rahmenbedingungen. Die Bände 4–6 beschreiben Personen der Filmgeschichte und -gegenwart. Bibliographische Hinweise zu jedem Stichwort, ein umfassendes Sach- und Filmregister und ein ausführliches Personenregister machen die Bände zu einem unentbehrlichen Nachschlagewerk.

Fischer, Detlef: Video ab! Wie ein Spielfilm auf Heimvideo entsteht. Huba production, Drensteinfurt 1983

Ein Buch, das sich mit der Video-Technik auseinandersetzt. Beschrieben wird Video im Einsatz, eine witzige Geschichte über vier junge Leute, die eine selbstverfaßte Story in einen Video-Film umsetzen wollen.

Gregor, Ulrich / Enno Patalas: Geschichte des Films, Bd. 1–4. Rowohlt Taschenbuch Verlag, Reinbek bei Hamburg 1976

Ein Standardwerk zur Filmgeschichte. Die einzelnen Bände sind gut gegliedert und markieren die wichtigsten Epochen der Filmgeschichte. Band 1 beginnt mit den

Anfängen des Films in Europa bis zur Situation von Hollywood im Zeichen der Wirtschaftskrise. Band 2 beschreibt die Entwicklung des Films in Europa und Amerika von 1940–1960.
Die Bände 3. und 4 behandeln Filmgeschichte nach 1960 in Europa (Bd. 3), Osteuropa und außereuropäischen Ländern (Bd. 4).

Heckmanns Jürgen / Thomas Klinger / Hans-Albrecht Lusznat: Durchblick. Videofilme selbermachen. Materialien. Weismann-Verlag, München 1983

Der schmale Band gibt Anregungen und Handlungshilfen für Jugendliche und Pädagogen, zeigt, wie ein Video-Film ohne großen Aufwand und großen Frust gemacht werden kann. Es informiert und unterhält gleichzeitig.

Hentschel, Kurt / Friedrich Reimers (Hg.): Filmförderung. Entwicklung, Modelle, Materialien. Ölschläger-Verlag, München 1985

Eine ausgiebige Hilfe im Förderungs-Dschungel für den Filmfreak ohne „Knete".

Kandorfer, Pierre: DuMont's Lehrbuch der Filmgestaltung. DuMont-Verlag, Köln 1984

Dieses gut aufgemachte Lehrbuch und Leselexikon bietet eine zusammenfassende Abhandlung über technische, gestalterische und medientheoretische Grundlagen des Films. Auf über 500 Seiten und 150 Abbildungen erläutert der Autor die wesentlichsten filmtechnischen Probleme; ein Nachschlagewerk mit hohem Gebrauchswert.

Köhler, Margret (Hg.): Alternative Medienarbeit. Videogruppen in der Bundesrepublik. Leske+Budrich, Opladen 1980

Ein Überblick über Entstehung und Praxis politischer Medienarbeit seit den 20er Jahren bis zur Gegenwart. Selbstdarstellungen von Videogruppen und ihrer Ziele, ein ausführliches Bücher- und Zeitschriftenverzeichnis.

Monaco, James: Film verstehen – Kunst, Technik, Sprache, geschichte und Theorie des Films. Rowohlt Taschenbuch Verlag, Bd. 6271, Reinbek bei Hamburg 1980

Anschaulich werden alle Aspekte des Mediums Film und ihre Beziehung zueinander aufgeschlüsselt. Film als Kunst, Filmtechnik, Filmsprache, Filmgeschichte und Filmtheorie. Ein Buch, das in jede Filmbibliothek gehört.

Prokop, Dieter: Soziologie des Films. Fischer Taschenbuch Verlag Bd. 3682, Frankfurt 1982

Dieses Buch analysiert die ökonomischen, politischen und sozialen Strukturen des Films am Beispiel Hollywoods und das Verhalten des Publikums seit der Erfindung des Films. Die Analyse ist übersichtlich gegliedert und gut lesbar.

Pudowkin, Wsewolod I: Über die Filmtechnik. Filmmanuskript und Filmregie. Medipress, Köln 1979

Pudowkin, einer der bedeutendsten Regisseure des russischen Films, formuliert in diesem Buch grundlegende Gedanken zum Filmmanuskript als Grundlage des Treatments oder Drehbuchs und geht auf die Filmregie, Filmmontage und den Schauspieler im Film ein. Ein wichtiges Handbuch für die Filmpraxis.

Richter, Hans: Filmgegner von heute – Filmfreunde von morgen. Fischer Taschenbuch Verlag Bd. 3670, Frankfurt 1981

Der avantgardistische Filmkünstler H. Richter dokumentiert in diesem ungewöhnlich aufgemachten Buch die wesentlichen Elemente der Filmkunst. Überwiegend mit Bildbeispielen werden Ausdrucksmöglichkeiten des Films gezeigt. Ein Filmbuch, das voller Anregungen steckt.

Wilhelm Roth: Der Dokumentarfilm seit 1960. Verlag C. J. Bucher, München 1982

Geschichte und Wirkung des Dokumentarfilms seit 1960. Die politische Funktion des Dokumentarfilms bei uns wird ebenso untersucht wie seine Rolle in der Dritten Welt und die Möglichkeiten von Super-8 und Video als dokumentarische Medien der Zukunft.

Zeitschriften

epd Film (erscheint monatlich)
Die Zeitschrift bringt ausführliche Kriterien über aktuelle Filme, Fakten und Tendenzen aus dem Bereich Filmförderung und Filmpolitik sowie interessante Berichte über in- und ausländische Filmfestivals. Dazu kommen eingehende Buchrezensionen und kurze Fernsehtips.

Bezug: Gemeinschaftswerk der Evangelischen Publizistik, Friedrichstr. 2–6, 6000 Frankfurt/Main

Film-Korrespondenz (erscheint vierzehntägig)
Pressedienst mit ausführlichen Berichten über Filmpolitik, Hintergrundberichten zu Filmen, Trends, Festivals im In- und Ausland.

Bezug: Katholisches Institut für Medieninformation e. V., Am Hof 28, 5000 Köln 1

KinderJugendfilmKorrespondenz (erscheint vierteljährlich)
Die Zeitschrift will „zur Information und zur Auseinandersetzung mit dem Kinder- und Jugendfilm" beitragen und seine „sozial- und kulturpolitische Bedeutung" verdeutlichen. Ansätze, Dokumente, Praxisinformationen, Festivalberichte und Hinweise auf Arbeitshilfen geben einen ausführlichen Überblick über diesen Filmbereich.

Bezug: Kinderkino München e. V., c/o Hans Strobel, Werner Friedmann-Bogen 18, 8000 München 50

Medien praktisch (erscheint vierteljährlich)
Medien praktisch behandelt Fragen des Einsatzes von audiovisuellen Medien in der Schule, Jugend- und Erwachsenenbildung. Jede Ausgabe enthält Arbeitshilfen mit Gestaltungsvorschlägen und Beispielen oder ausführliche Analysen von Kurz- und Spielfilmen. Sehr hilfreich ist der Service-Teil mit Hinweisen auf neue AV-Medien, Bücher, Kataloge, Veranstaltungen und Termine.

Bezug: Gemeinschaftswerk der Evangelischen Publizistik, Friedrichstr. 2–6, 6000 Frankfurt/Main

medien + erziehung (Zweimonatsschrift für audiovisuelle Kommunikation)
medien + erziehung ist eine informative Zeitschrift für theoretisch interessierte Praktiker mit Beiträgen von Wissenschaftlern, Praktikern und Journalisten. Sie reflektiert den aktuellen Stand der Medienpädagogik und orientiert über die ästhetischen, politischen und pädagogischen Probleme dieser Fachrichtung. jede Nummer enthält Aufsätze, Analysen, Rezensionen der wichtigsten Filme, Veranstaltungsberichte, Dokumentationen, Literaturhinweise und einen ausführlichen Nachrichtenteil.

Bezug: Leske Verlag + Budrich GmbH, Postfach 300406, 5090 Leverkusen 3

Spektrum Film (erscheint monatlich)

Eine Monatszeitschrift, die aktuell über die Kinoereignisse berichtet aber auch das „andere Kino", die Filme für die Jugend- und Bildungsarbeit berücksichtigt. Interviews, Überblick auf neue Videos, Tips, Termine und Hinweise auf Arbeitshilfen ergänzen den ausführlichen Rezensionsteil.

Bezug: jugendfilmclub köln – medieninformationszentrum e.v., Hansaring 82–86, 5000 Köln 1

Nützliche Adressen

Film- und Videoveranstaltungen

Bundesweites Schülerfilmfestival
Hannover
Postfach 1967
3000 Hannover 1

Werkstatt für junge Filmer
c/o Bundesarbeitsgemeinschaft für
Jugendfilmarbeit und Medienerziehung e. V.
Schweizer Straße 6
6000 Frankfurt/M. 70

Schülerfilmfestival Baden-Würt-
temberg
c/o Rolf Beicher
Weingartshalden 12/1
7408 Jettenburg

Filmtage bayerischer Schulen
c/o Günter Frenzel
Tannenstraße 9
8042 Oberschleißheim

Regionale Schülerfilm- und Video-
schau Berlin
c/o Landesbildstelle Berlin
Wikingerufer 7
1000 Berlin 21

Filmwerkschau Gelsenkirchen
c/o Kommunales Kino Gelsenkirchen
Postfach 100101
4650 Gelsenkirchen

Erlanger Videotage
c/o Videogruppe Erlangen e. V.
Postfach 3568
8520 Erlangen

Experi & nixperi – Bonner Kurzfilm-
festival
c/o Film-AG Bonn
Stefan Drößler
Bonner Straße 54
5300 Bonn 2

Internationaler E-Film-Workshop
Osnabrück
Hasestr. 71
4500 Osnabrück

ÖKOMEDIA (Umweltfestival)
Ökomedia-Institut e. V.,
Schillerstr. 52
7800 Freiburg

Open-Air-Filmfest Weiterstadt
Kommunales Kino, Jochen Pollitt
Bahnhofstr. 70
6108 Weiterstadt

Filmzwerge Münster
c/o Filmwerkstatt Münster
Gartenstr. 123
4400 Münster

Freiburger Video-Forum
c/o Medienwerkstatt Freiburg
Konradstr. 20
7800 Freiburg

Darmstädter Studentenfilmtage
c/o Studentischer Filmkreis an der
Technischen Hochschule, Karolinenplatz 6, 6100 Darmstadt

Unregelmäßige Filmtage:
Schmalfilmforum München, Kontakt: Filmwerkschau Bayern, Aventinstr. 5, 8000 München 5

Film- und Videoverleihe

(Verleihverzeichnis/Katalog anfordern)

atlas film + av
Ludgeristr. 14–16
4100 Duisburg

con Filmverleih
Westerdeich 38
2800 Bremen

Kinder- und Jugendfilmzentrum
– Medienverleih –
Postfach 3040
6500 Main 1

Matthias-Filmgem. GmbH
Gänseheidestr. 67
7000 Stuttgart 1

Verleihgenossenschaft der Filmemacher e. G.
Alfonsstr. 1
8000 München 19

*Büro Bundesweites Schülerfilmfestival
Postfach 1967
3000 Hannover 1

*Medienzentrum Ruhr e. V.
Hömannstraße 10
4300 Essen 12

*Medienoperative Berlin e. V.
Potsdamer Straße 96
1000 Berlin 30

*Medienwerkstatt Freiburg e. V.
Konradstr. 20
7800 Freiburg

*Medienwerkstatt Franken
Bleichstr. 12 A
8500 Nürnberg 80

*Medienwerkstatt Linden
Charlottenstr. 5
3000 Hannover 91

*Stadtjournal Hamburg
Rutschbahn 17
2000 Hamburg 13

---

*Video-Verleih

Ausbildungsstätten

Die folgenden Fach- und Hochschulen bieten entweder ein Haupt-
fachstudium ‚Film‘ an oder besitzen eigenständige Fachklassen
‚Film, Foto, Video‘ im Rahmen anderer Studiengänge (meistens
‚Diplom-Design‘ oder ‚Lehramt Kunst‘).
Diese Liste erhebt keinen Anspruch auf Vollständigkeit. Wer sich für
ein Studium ‚Film/Video‘ interessiert, sollte auf jeden Fall auch bei
anderen Fach- und Hochschulen nachfragen.

Deutsche Film- und Fernsehakademie Berlin (DFFB)
Pommernallee 1
1000 Berlin 1

Hochschule für Fernsehen und Film
(HFF)
Ohmstraße 11
8000 München 40

Staatliche Fachschule für Optik und
Fototechnik
Einsteinufer 43
1000 Berlin 10

Hochschule für Bildende Kunst
Filmklasse
Broitzemer Straße 230
3300 Braunschweig

Hochschule für Kunst und Musik
Filmklasse
Am Wandrahm 23
2800 Bremen

Fachhochschule Bielefeld
FB Design/Foto und Film
Lampingstraße 3
4800 Bielefeld

Fachhochschule Dortmund
FB Design/Foto und Film
Rheinlanddamm 203
4600 Dortmund 1

Staatliche Hochschule für Bildende
Künste / Staedelschule
Filmklasse
Dürerstraße 10
6000 Frankfurt/M. 70

Hochschule für Bildende Künste
Filmklasse
Lerchenfeld 2
2000 Hamburg 76

Gesamthochschule Kassel
FB Film/Fernsehen/Video
Menzelstraße 13
3500 Kassel

Universität Köln
Institut für Theater- Film- und Fern-
sehwissenschaften
Meister-Ekkehart-Straße 11
5000 Köln

Hochschule für Gestaltung
FB Visuelle Kommunikation
Schloßstraße 31
6050 Offenbach

Fachhochschule für Druck
Studiengang Medientechnik/
Film, Video, Dia-AV
Nobelstraße 10
7000 Stuttgart 80

Universität-Gesamthochschule
Wuppertal
FB 5 / Filmabteilung
Haspeler Straße 27
5600 Wuppertal

Institutionen/Organisationen

Koordinationsbüro der 8mm-Filme-
macher
c/o Christiane Schauder & Reinhard
Wolf
Walpodenstraße 7
6500 Mainz 1

Jugendfilmclub Köln e.V.
Hansaring 82–86
5000 Köln 1

Kinder- und Jugendfilmzentrum in
der Bundesrepublik Deutschland
Küppelstein 34
5630 Remscheid

Institut Jugend Film Fernsehen
(JFF)
Waltherstr. 23
8000 München 2

Bundesarbeitsgemeinschaft
für Jugendfilmarbeit und
Medienerziehung e.V.
Schweizer Str. 6
6000 Frankfurt/Main 70

Deutsches Filmmuseum
Schaumainkai 41
6000 Frankfurt/Main 70

Filmbüro Hamburg
Friedensallee 7
2000 Hamburg 50

Filmbüro NRW
Postfach 100534
4330 Mülheim

Stiftung Deutsche Kinemathek
Pommernallee 1
1000 Berlin 19

Stiftung Kuratorium junger deutscher Film
Schloß Biebrich
Postfach 129345
6200 Wiesbaden

Institut für Film und Bild
in Wissenschat und Unterricht
(FWU)
Bavariafilmplatz 3
8022 Grünwald

Der Film zum Buch

Informationen zum 16mm-Film „Auf nach Hollywood". Das Abenteuer des Filmemachens im jüngsten deutschen Film

Wer Schülerfilme nur als fertige Produkte auf der Leinwand oder ausschnittweise über den Bildschirm flattern sieht, erfährt wenig über die Macher und die abenteuerlichen Umstände der Produktionen.

Wie laufen eigentlich die Dreharbeiten ab und wie entstehen die Ideen für diese Super-8- und Videofilme? Was sind das für Typen, die mehr oder weniger selbstbewußt als Vertreter des jüngsten deutschen Films auftreten?

Die wenigen Informationen zu diesen Fragen kamen bisher immer nur über Begleittexte und Fotos spärlich zusammen.

Hunderte von gesehenen Schülerfilmen inclusive Textmaterialien im Kopf, begannen wir im Sommer 1983, die ersten Seiten Filmmanuskript zu schreiben. Es sollte ein Dokumentarfilm werden, ohne Langeweile; ein Film, der authentisch berichtet, neugierig macht und zu eigener Film- und Videoarbeit animiert.

Finanzieren sollte das Ganze eine Fernsehanstalt – dachten wir. Wir verschickten Exposés, telefonierten stundenlang und trafen uns auch mal mit dem einen oder anderen Redakteur. Die Idee wurde als „hochinteressant" eingestuft, aber „es fehlt uns an Sendeminuten", „wenn Sie noch einen Co-Produzenten auftreiben könnten", „ich habe ihr Manuskript einmal an meine Kollegin von der Redaktion weitergeleitet" usw. ...

Das übliche dauerte uns zu lange und so kamen wir auf die Idee, den Film als Teil eines Medienpaketes zu konzipieren, das die Schülerfilm-Szene umfassend dokumentieren sollte. Für dieses Medienpaket (bestehend aus dem Film, diesem Buch und einem Videoarchiv mit Schülerfilmen) erhielten wir dann Ende 1984 von der „Stiftung Jugendmarke" die Zusage für eine finanzielle Förderung.

„Auf nach Hollywood" war der Filmtitel, der uns immer wieder gefiel und auch einfiel. Kurz vor der Fertigstellung erreichte uns dann der Brief eines Ex-Schülerfilmers, der unter seine von Höhen und Tiefen gekennzeichneten Film-Abenteuer das Text-Zitat von Truffaut setzte: *„Einen Film zu machen, das ist wie eine Kutschenfahrt durch den Wilden Westen. Man freut sich auf eine angenehme Reise, und am Schluß ist man froh, wenn man überhaupt ankommt."*

Damit war das erste (Text-)Bild für „Auf nach Hollywood" festgelegt.

Monatelang recherchierten wir nach Beispielen, die das Spektrum der Schülerfilmszene aufzeigen könnten. Sechs davon werden in unserem Film vorgestellt, einige tauchen auch in diesem Buch auf. Der Film beobachtet die Planung, die Dreharbeiten und selbstorganisierte Vorführungen von Filmen und Videos und zeigt Ausschnitte daraus. Alle gezeigten Filme- und Videomacher stellen sich selbst dar, einen gesprochenen Kommentar gibt es nicht.

Es geht los mit der Filmgruppe der Gesamtschule Geretsried (vgl. S. 35). Wir zeigen einige Szenen aus der Arbeit der Gruppe (Drehszene für einen Spielfilm und Plenumssitzung) und die abenteuerliche Synchron-Vertonung eines Super-8-Films. Ein Klassenraum wird innerhalb weniger Minuten zum schalldichten Tonstudio ...

Nach Geretsried sind wir bei einer Videogruppe in einem Heim für Jugendliche (vgl. S. 27). Hier wird gerade die „Abhau-Szene" für einen neuen Spielfilm auf Video gedreht. Täuschend echt ...

„Kabelsalat" nennt sich eine Schülergruppe, die eine gleichnamige Video-Schülerzeitung herausgibt (vgl. S. 30). Unser Film zeigt Schüler bei der Produktion in ihrem Video-Studio und die Vorführung einer neuen Ausgabe im Schüler-Cafe „Panischer Garten".

Ungewöhnliches passiert in Berlin. Die Mädchengruppe „Die kleine Hexe" organisiert die Vorführung ihres Films „Die Verwandlung". Per Telefon werden Freunde zusammengerufen und vor dem Bethanien (vgl. S. 39) in Berlin findet dann eine Filmvorführung in einem völlig überfüllten Möbelwagen statt ...

Der Filmemacher Lukas Schmied (geb. 1964) wird bei den Dreharbeiten zu seinem Super-8-Film „Cocktail Blue" vorgestellt. Drehorte

145

sind eine alte Fleischfabrik und eine Cocktail-Bar. Vor einem Kino sitzt Lukas und erzählt von seiner Art „Filmemachen". Kosten seines neuen Films: so um die 500 Mark.

Caspar Stracke aus Braunschweig (geb. 1967) hat sich im Keller des Elternhauses ein Filmstudio eingerichtet. Unser Film zeigt, wie Caspar an zwei Filmtricks arbeitet: er kratzt Lichtblitze in Filmmaterial und läßt einen Typ mit Vespa-Roller über die Stadt fliegen ... Probleme, die Profis in Hollywood mit dem komplizierten travelling-mat oder blue-box-Verfahren meistern, löst Caspar mit einer einfachen Doppelbelichtung.

Die letzte Szene des Films stellt Björn dar, der in Berlin mit anderen Leuten das „Sputnik-Kino" betreibt und dort Schülerfilme zeigt.

„... sie gehen unter oder die Mutter schmeißt sie irgendwann mal weg. Bevor das passiert, zeigen wir die Filme lieber noch einmal."

„Auf nach Hollywood" zeigt 45 Minuten lang Filmemachen und Filmausschnitte, beweist, welch kreatives Potential und wie viel Engagement in der Schülerfilm-Szene vorhanden ist.

Burkhard Inhülsen

„**Auf nach Hollywood**", 45 Min., 16mm, Farbe, Lichtton.
Verleih (16mm): KJF-Medienverleih, Postfach 3004, 6500 Mainz.
Verleih (Video/VHS): Büro Bundesweites Schülerfilmfestival,
Postfach 1967, 3000 Hannover 1.

●

Die Autoren

Burkhard *Inhülsen* (Hg.), Jahrgang 1950, Studium an der Hochschule für Bildende Kunst, Braunschweig. Seit 1976 Kunsterzieher in Hannover, Veröffentlichungen im Bereich Schülerfilmarbeit und Ästhetik des Films, Initiator des Bundesweiten Schülerfilm-Festivals Hannover.

Margret *Köhler* (Hg.), Jahrgang 1944, Diplom-Politologin und Pädagogin M. A., war nach dem Studium wissenschaftliche Mitarbeiterin am Institut Jugend Film Fernsehen, Redakteurin bei verschiedenen Zeitschriften/Zeitungen, seit 1984 freie Filmjournalistin in München.

Erwin *Schaar*, Jahrgang 1938, Studium der Pädagogik, Psychologie und Anthropologie, verantwortlicher Redakteur der Zeitschrift „medien und erziehung".

Horst *Schäfer*, Jahrgang 1942, war in der Erwachsenenbildung, kommunalen Filmarbeit, Kulturarbeit und in der Filmbranche tätig. Seit 1982 Leiter des Kinder- und Jugendfilmzentrums in der Bundesrepublik Deutschland, Autor für Filmbuch- und Zeitschriften-Verlage und Rundfunkanstalten.

Reinhard W. *Wolf*, Jahrgang 1952, Filmemacher und freier Autor, Herausgeber des „KOB-Info" und Gründer des „KOB-8-Filmbüro" (Mainz), Veröffentlichungen zum Thema Filmtheorie und Filmgestaltung.

Die Fotos/Abbildungen in diesem Buch stammen von

Sven Ulrich, Joachim Stolze, Norbert Krawiec, Lukas Schmied, Stefan Telser, Jugendhilfe Norderstedt, „Die kleine Hexe" aus Berlin, Wolfram Weisse, Franz u. Thomas Winkelkotte, cm-film-Berlin und Andreas Lange, Nico Drews, Jörn Dosch, Jens Oenicke, Richard Eckes, Heinz Peter Gostmann, Stephan Schindler, Sven Bruckmann, Volker Roters, Wolfgang Nier, Claus König, Caspar Stracke, Christian Lutterbeck, Jörn und Ulf Staeger, Eduardo Alonso, Jörg Länger, sowie vom Büro „Bundesweites Schülerfilmfestival" in Hannover.